Meiner Frau Silvia,

der ich ein unvergleichliches Jahr
und viele der hier wiedergegebenen
Gedanken und Bilder verdanke

Über dieses Buch

Im Jahr 2009 haben wir beschlossen ein Sabbatjahr zu beantragen, um durch die Welt zu reisen. Das ist jetzt 6 Jahre her und diese Zeit hat manches verändert. So sind im Laufe der Ansparphase noch zwei kleine Kinder zu uns gekommen. Vermutlich ist mit den Kindern unser Sicherheitsbedürfnis gestiegen, sodass die Reise nicht mehr ganz so abenteuerlich verlief, wie wir sie uns in unseren Gedanken immer vorgestellt hatten. Die Welt, die wir bereisen wollten, ist kleiner geworden, als wir ursprünglich gedacht haben. Wir - Tyra, Fyn, Silvia und Johannes - sind ein Jahr durch Europa getourt.

Dieses Buch ist kein Reiseführer, der über Touren und Besichtigungen informiert. Es ist die erweiterte Fortsetzung unseres Reiseblogs „die-kruses.blogspot.de", in dem wir in unregelmäßigen Abständen über Erlebnisse während unserer Reise berichtet haben. Anders als im Blog sind diese Geschichten hier nicht in der Reihenfolge ihrer Niederschrift, sondern in der Chronologie unserer Reise aufgenommen, sodass sich anhand der Geschichten unsere Reiseroute verfolgen lässt.

Das Sabbatjahr hat uns auch Freiräume zu einem Denken ermöglicht, das nicht durch den Alltag überlagert war. Deshalb sind in dieses Buch außerdem auch Gedanken eingeflossen, die uns im Laufe dieses Jahres durch den Kopf gegangen sind.

Johannes Kruse

hin und weg

Geschichten und Gedanken im Sabbatjahr

Mit Fotos von
Silvia Kruse

Books on Demand

© 2016 Johannes Kruse
Herstellung und Verlag:
BoD - Books on Demand, Norderstedt, www.bod.de
Gedruckt in Deutschland
ISBN 978-3-7431-0380-1

Inhalt

Teil I

Wohnwagen oder Wohnmobil? 11
Reiseliteratur 14
Immer noch da 17
Große Küche in kleinem Auto 18
Heiße Tage in Ottersheim 19
Das Monstermobil 21
Nina Hagen und die Fotos 22
Das Suppenauto 23
Englische Handtücher 24
Ein Leben auf der Überholspur 28
Könnten die Tauben nicht auch mal stumm sein? 29
Campingplatz mit Kräutergarten 30
Suchbild mit Vieren 31
Zufälle 32
Wer weiß eigentlich, wo Tyndrum liegt? 36
Nur für Erwachsene 39
Nur zur Sicherheit 40
Selfie am Loch Ness 41
Eilean Donan Castle 42
Der beste Stellplatz 43
Und es existiert doch! 48
Malies 49
Lebt Merkel noch? 52
Das Grauen 52

Camping hinter verschlossenen Türen 53
Über Gewicht 53
Französische Autobahnen sind Museen! 54
Gemeinschaftsduschen 56
Auf Empfehlung in Amiens 57
Sainte Suzanne 62
Das Drachenhaus 64
Der kleine Prinz und sein Schloss 66
Selfie mit Schloss 68
Die Rückkehr 69
Scheidung 70
Picknick auf der Straße 71
Sangria in Tossa 72
Ein Esel in Barcelona 73
Gaudí 74
Manuel Manolo 78
Weiße Nächte an der Weißen Küste 82
Google, Gott und Mücken 83
Wochentage 84
Zwei Monate - und was wir vermissen 86
Frische Tomaten 88
Gefunden! Der Schauplatz von „Der Herr der Fliegen" ... 91
Granada, du Märchenhafte 92
Dancing Queen in der Alhambra 100
Begrüßung auf Spanisch 101
Cordoba - schön ist das nicht 102
Ein Tag zu Hause in der Ferne 107

Ronda, die Unglaubliche 108
Europa am Ende (I) 110
Meerblick 112
Hitchcock in Spanien 113
Der Barbier von Sevilla 114
The Fog 115
Horizonterweiterung 116
Lotte aus Berlin 117
Eine Hauptstadt mit dem Charme der Vergänglichkeit .. 120
Europa am Ende (II) 126
Kein Eis in Sintra 128
Platt 130
Tordesillas oder die Teilung der Welt 132
Lourdes - eine Frage des Glaubens................................. 135
Der Soundtrack zur Reise 137
Seitensprünge 148
Hin und zurück 150

Teil II

Leben im Wohnmobil 153
Soleil Soleil 156
Orte, an denen wir waren 158
Örtchen, auf denen wir waren 160
Achtung Hirsch! 161
Und dann auch noch dies 162

Teil III

On the Road again	*165*
Fotos	*168*
Statistik	*170*
Statistik - ein Nachtrag	*171*
Statistik - und noch ein Nachtrag	*171*
Täuschungen	*172*
Heuchelei	*177*
Fernsehen	*180*
Europa am Ende	*183*
Globalisierung	*193*
Heureka	*197*

Teil I

Wohnwagen oder Wohnmobil?

Eigentlich wollten wir ja mit unserem Wohnwagen fahren - der war sogar schon entsprechend „dekoriert".

Und dann - abends bei der Arbeit, alles ist ruhig - entspann sich plötzlich und völlig unvorhergesehen folgender Dialog:

SIE (in der Sitzecke, Laptop auf den Beinen): „Ich glaub, ich hab's gefunden."

ER (Klausuren korrigierend): „Was?"

SIE: „Ich hab's gefunden!"

ER (schon etwas ungeduldiger): „JAHA! Was hast du gefunden?"

SIE: „Unser Fahrzeug."

ER: „Wie - unser Fahrzeug?"

SIE: „Hier - kuck doch mal. Ich hab ein Wohnmobil. Passt genau für uns. Hat hinten ein Stockbett für die Kinder und sieht richtig gut aus."

Und so weiter ...

Um es abzukürzen - einen Tag später haben wir ein Wohnmobil gekauft. Und noch ein paar Tage später war unser guter alter Wohnwagen weg. Verkauft! Obwohl es nicht ganz einfach war - weil der Schriftzug und die Zeichnungen nicht zu entfernen waren. Der neue Besitzer ist nun also auch „hin und weg". Und jetzt steht ein Wohnmobil bei uns hinterm Haus und wartet darauf, für die nächsten Monate unser Zuhause zu sein.

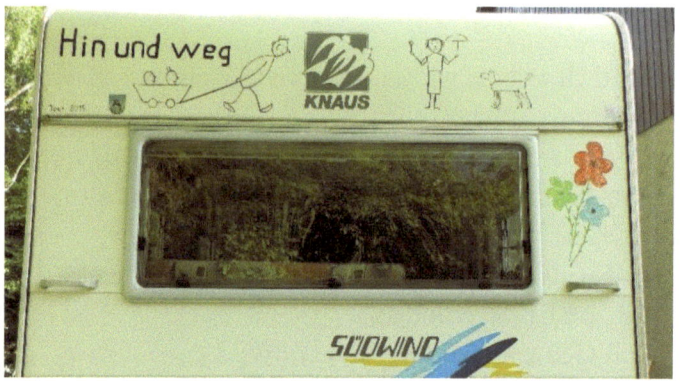

Kaum vorstellbar - wir werden in diesem kleinen Kasten von gerade einmal 10m² leben! Das kann sehr, sehr eng werden. Andererseits ist das spannend: alles, was wir für diese Zeit brauchen, müssen wir auf diesen 10m² unterbringen: unsere Wäsche, Proviant, Werkzeug, Stühle und Tisch für die Zeiten vor dem Wohnmobil, Regenzeug, Spiele, Bücher, Spielzeug und Kuscheltiere für die Kinder - da kommt ganz schön was zusammen. Wir werden gut auswählen müssen und lernen, mit sehr wenig auszukommen - und das ist ja auch eines unserer Ziele. Wir wollen uns von dem vielen Ballast befreien, den wir im Laufe unseres Lebens angesammelt haben. Von den vielen Dingen, die eben nichts anderes sind als Dinge - und die wir oft haben, ohne uns darüber klar geworden zu sein, ob wir sie wirklich benötigen. Diese Reise soll nicht nur eine Reise zu den Sehenswürdigkeiten Europas werden, sie ist vor allem auch eine Reise ins Nach-Denken, ins Selbst-Denken, ins Innere. Im besten Fall: eine Reise zu uns selbst.

Reiseliteratur

Das Schöne, wenn man ohne Ziel reist, ist, dass sich Reiseliteratur von vornherein erübrigt. Da wir nicht wussten, wohin wir fahren, haben wir uns auch keine klassischen Reiseführer kaufen können. Das war eine große Erleichterung für uns, da Reiseführer für uns bisher im Vorfeld einer Reise eher für Unbehagen gesorgt haben. Meistens ist es so abgelaufen, dass wir in die örtliche Buchhandlung gegangen sind, um uns über entsprechende Literatur zu informieren. So richtig für eines der angebotenen Bücher entscheiden konnten wir uns aber selten - also hat die Aufmachung des Buches den Ausschlag für den Kauf gegeben. Und mit dem Vorsatz, alles über das Ziel zu studieren, um bestens vorbereitet die Reise antreten zu können, sind wir mit dem Buch in der Tasche nach Hause gefahren. Dort allerdings hat das Buch dann im Regal vergeblich auf seine Studenten gewartet. Meist landete das Buch dann in der Reisetasche, um wenigstens während der Fahrt als Lektüre zu dienen - und verblieb auch dort wieder ungelesen. Und wenn wir schließlich doch im Buch blätterten, mussten wir feststellen, dass wir die dort angepriesenen Sehenswürdigkeiten bei den Besuchen nicht gesehen hatten. So blieb am Ende immer ein ungutes Gefühl.

Diesmal aber war alles anders. Und jetzt, aus der Perspektive von Heimgekehrten, können wir sagen: Für Reiseliteratur werden wir kein Geld mehr ausgeben. Jede Stadt weist mit großen Schildern auf ihre Sehenswürdigkeiten hin und es gibt genügend freundliche Menschen, die über die Wege dorthin Auskunft geben können. Außerdem es ist überhaupt nicht notwendig, alles gesehen zu haben, was man gesehen haben „muss". Wir haben immer genau das gesehen, was uns entgegengekommen ist. Manches war wunderschön, anderes hätten wir uns vielleicht auch sparen können, aber immer ist es unser eigener Weg durch eine Stadt gewesen, der durch spontane Entscheidungen für Richtungen zustande gekommen ist.

Trotzdem haben wir uns im Vorfeld der Reise ein paar Bücher besorgt oder haben Bücher geschenkt bekommen, die uns sehr geholfen und uns auf unserer Reise begleitet haben.

1. Unterwegs in Europa - das große Reisebuch

Das Buch gibt einen knappen Überblick über die Länder Europas und deren Sehenswürdigkeiten. Das Beste aber ist der zweite Teil, in dem insgesamt 47 landschaftlich sehenswerte Reiserouten vorgestellt werden. Hier haben wir uns inspirieren lassen. Immer wieder sind wir Routen gefahren, die dort vorgestellt werden – und wir sind jedes Mal gut damit gefahren. Die Karten am Schluss des Buches sind eine nette Zutat, aber zum Fahren sollte man besser auf Karten mit größerem Maßstab zurückgreifen.

2. 100 Highlights Europa - alle Ziele, die Sie gesehen haben sollten

Na gut - der Titel sagt schon viel: die Beschränkung auf genau 100 Ziele und die subjektive Auswahl wirkten nicht gerade einladend. Aber das Buch ist anregend bebildert und machte uns Lust auf die ausgewählten und beschriebenen Städte und Regionen. Wir haben die Auswahl nicht als „must seen" und nicht als abgeschlossene Liste verstanden. Für uns war es ein Appetitanreger und nicht die Mahlzeit.

3. Slow Travel - die Kunst des Reisens von Dan Kieran

Das Buch war ein Geschenk im Vorfeld unserer Reise und für uns ein echter Gewinn. Gedanken über das Reisen, die uns immer wieder neu inspirierten. Ein herzlicher Dank an Ruth und Wolfgang für dieses großartige Geschenk. Dieses Buch sollte wirklich auf keiner Reise fehlen!

4. Zen vor Zwölf - inspirierende Gedanken für den rechten Augenblick

Auch dieses Buch war ein Geschenk für die Reise. Der Titel sagt eigentlich schon alles. Kluge Gedanken über das Reisen und die Zeit. Eine Seite war mit einer Heftklammer verschlossen, verbunden mit dem Hinweis darauf, dass sich auf dieser Seite ein ganz besonders interessanter Gedanke befinde und der Frage, ob wir es ein Jahr aushielten, diese Seite geschlossen zu halten. Lieber Peter: die Klammer befindet sich noch immer unberührt an ihrer Stelle!

Immer noch da

So! Endlich Sommerferien! Aber was ist das? Wir sind immer noch hier? Mittlerweile werden wir von Freunden auf der Straße schon mit einem herzlichen „Wieso seid ihr denn immer noch hier? Ich dachte, ihr seid schon längst unterwegs" begrüßt. Ja! Wir sind noch da! Es ist soweit - wir könnten los, aber es ist noch nicht alles erledigt, was wir im Vorfeld der Reise erledigt haben wollten. Wir haben uns nach Rat von Freunden entschlossen, das Wohnmobil zusätzlich zu sichern - und so steht unser Fahrzeug zurzeit noch in einer Werkstatt. Außerdem brauche ich noch einen neuen Personalausweis - der alte läuft im Februar ab.

Wohin wir zuerst fahren werden, ist uns immer noch nicht klar: Gestern wollten wir nach Norden starten - auf zum Nordkap, heute sind wir doch eher für die Südrichtung. Mal sehen, wohin es uns dann wirklich verschlägt.

Tatsächlich verlief dann die gesamte Reise auf diese Art. Entscheidungen für Routen wurden getroffen, verworfen, erneuert und während der Fahrt geändert. Das war das eigentlich Spannende dieser Reise. Waren wir am Abend noch überzeugt gewesen, über Paris nach Orleans fahren zu wollen, schlugen wir am kommenden Morgen den Weg nach Brüssel ein - landeten aber schließlich an der belgischen Küste bei Oostende. Waren wir eben noch sicher, die Normandie erkunden zu wollen, standen wir tags darauf mit unserem Wohnmobil auf einer Fähre nach England. Routen, die einmal ausgearbeitet worden waren, hatten schon nach kurzer Zeit keinen Bestand mehr.

Diese Freiheit, sich jederzeit neu entscheiden zu können, war eine der wertvollsten Erfahrungen unserer Reise. Dieses Wissen, dass Entscheidungen nicht für alle Zeit bindend sind, sondern jederzeit überdacht und neu getroffen werden können, befreit von vermeintlichen Zwängen und schafft Raum für die Suche nach neuen, anderen Wegen.

Große Küche in kleinem Auto

Odersbach bei Weilburg. Neben uns ein alter VW-Bus mit aufklappbarem Zeltdach. Großeltern mit ihren beiden Enkeln beim Camping. Viel Platz bleibt da nicht. Die Enkel schlafen oben im Zelt, unten muss der Platz für alles andere reichen. Aber immer wenn es Essen gibt, sitzen wir ungläubig daneben und reiben uns die Augen. Aus diesem kleinen Fahrzeug kommen derart große Mengen an Speisen auf den Tisch, dass wir es kaum glauben können. Wir sind uns sicher: innerhalb des Busses muss es eine weitere Dimension geben!

Heiße Tage in Ottersheim

Geplant war ein Kurzbesuch bei den Schwiegereltern, geworden sind daraus die schönsten zwei Tage unseres Reisebeginns.

Vorbeifahren wollten wir ja ohnehin - wie man das halt so macht, wenn der Wohnort der Schwiegereltern auf dem Weg von Norden nach Süden liegt. Dann wurde das Wetter so heiß - Temperaturanzeige an einer Apotheke bei der Durchfahrt durch Darmstadt: 44 Grad! - dass an Fahren nicht mehr zu denken war. Und Besserung war nicht in Sicht. Deshalb haben wir überlegt, Ottersheim auf direktem Weg anzufahren, zu bleiben und die Hitze auszusitzen. Das war eine - in mehrfacher Hinsicht - kluge Entscheidung. Unseren Kindern werden diese zwei Tage auf dem Hof der Zimmerei mit dem riesigen Gartengelände sicherlich lange in Erinnerung bleiben. Die Großeltern haben ihre Enkel geduldig alles machen lassen - und nichts schien ihnen zu anstrengend - und die beiden Kinder waren von ihren Großeltern kaum noch wegzubekommen. Für uns waren das zwei sehr entspannte Tage!

Und ich habe mich wieder einmal davon überzeugen können, dass echte Gastfreundschaft nicht darin besteht, einen großen Wirbel um die Gäste zu veranstalten, das

Haus zu polieren, sämtliche Zimmer zu putzen und gewaltige Mengen an außergewöhnlichen Gerichten aufzufahren, sondern jemanden einfach an seinem Alltag, an dem, wie es immer ist, teilhaben zu lassen und damit zu zeigen: du gehörst dazu. Danke, das war eine beeindruckende Lektion.

PS: Ich konnte schon als Kind nicht verstehen, weshalb die besten und leckersten Essen nicht für uns, sondern für Gäste gekocht wurden. Ich war immer der festen Überzeugung gewesen, wenn schon so etwas Besonderes auf den Tisch kommt, dann sollte es doch eigentlich uns zustehen!

Das Monstermobil

Campingplatz Kockelscheuer bei Luxembourg: Manch großes Wohnmobil war uns bereits begegnet, doch dieses schlug alle - im wahrsten Sinne des Wortes - um Längen (damals wussten wir noch nicht, dass wir noch größere Wohnmobile sehen würden – umgebaute Reisebusse oder solch ein Monstermobil mit ausstellbaren Erkern und einem nur geringfügig kleineren Anhänger). Leute, was soll das?

Nina Hagen und die Fotos

1974 beklagte Nina Hagen in dem Song „Du hast den Farbfilm vergessen" verlorene Erinnerungen an einen Hiddensee-Urlaub. Sie ärgert sich in dem Lied darüber, dass ihr Freund Michael, da er vergessen hatte einen Farbfilm einzustecken, nur Schwarz-Weiß-Fotos (mein Fachberater hätte an dieser Stelle auf die Erwähnung von „Grau" bestanden) von ihrem Urlaub machen konnte, sodass Nina auf den Fotos nicht in der von ihr gewünschten Weise zur Geltung kommt.

An dieses Lied musste ich denken, auch wenn die Situation bei mir noch ein bisschen anders gelagert ist: mein Fotoapparat ist weg - und mit ihm die bebilderten Erinnerungen der ersten Woche. Vergessen? Gestohlen? Ich weiß es nicht und es ist eigentlich auch egal. Bilder samt Apparat sind weg! Unwiederbringlich! Und nicht mehr zu rekonstruieren!

Nach dem ersten Ärger haben wir uns auf folgende Sprachregelung verständigt: besser jetzt als später! So fehlt nur die erste Woche fotografischer Erinnerungen. Und auf den zweiten Apparat passen wir besser auf!

Das Suppenauto

Das Suppenauto kam so ungefähr gegen 10 Uhr. Es war schon von Weitem an seinem unregelmäßigen Klingeln zu hören und klang für unsere Kinder ein wenig so wie der Eiswagen zuhause. Stutzig wurden wir, als Leute mit Kochtöpfen in den Händen an uns vorbeigingen. Doch wohl nicht, um Eis kochtopfweise in ihre Wohnwagen zu transportieren! Wir waren neugierig, griffen ebenfalls nach einem Topf und machten uns auf den Weg, den anderen hinterher: ein kleiner grüner Citroën mit der Aufschrift „Soep Dekeyser" hatte seine Heckklappe geöffnet und verkaufte halbliterkellenweise Suppe. Wir hatten ein gutes Essen für wenig Geld. Für unsere Kinder entpuppte sich das Klingeln allerdings als eine herbe Enttäuschung.

Englische Handtücher

Die Entscheidung kam spontan bei der Fahrt durch Calais in Richtung Le Havre: statt weiter nach Süden zu fahren setzen wir nach England über! Die größte Schwierigkeit bestand darin, am Samstag einen Tierarzt zu bekommen, denn alle nach England einreisenden Hunde benötigen einen Impfnachweis gegen Fuchsbandwurm, der nicht älter als fünf Tage alt sein darf. Den Sinn der Impfung zweifelte auch der Arzt an, den wir schließlich Dank einer Liste mit Tierärzten fanden, die uns ein deutscher Geschäftsreisender überließ, der zufällig auf dem Stellplatz für Wohnmobile am Hafen von Calais neben uns parkte.

Verdient hat der Tierarzt an der Impfung trotzdem einiges - nicht zuletzt durch den saftigen „Wochenend-Tarif", den er uns berechnete.

Die Nacht verbrachten wir auf dem - wie wir hofften - Platz mit den schlechtesten sanitären Verhältnissen auf unserer Reise - wir konnten noch nicht wissen, dass es schlimmer kommen sollte - bei allerdings unbedingt empfehlenswerter Lage am Cap de Blanc Nez mit Blick auf die Weißen Klippen von Dover.

An Morgen fuhren wir sehr früh an den Hafen. Statt der beim Kauf des Tickets empfohlenen 1,5 Stunden, waren wir fast 2,5 Stunden vor Abfahrt des Schiffes am Terminal.

Unsere Freude über den Platz ziemlich zu Beginn einer sich nach und nach zu einem Ungetüm von Fahrzeugen auswachsenden Schlange legte sich rasch, als wir nach langer Wartezeit sahen, wie Schlange um Schlange auf die Fähre gelassen wurde, die junge Frau mit dem Walkie-Talkie in der Hand, die mit diesem Utensil offenbar die Befehlsgewalt über die Schlangen erworben hatte, ausgerechnet unsere Reihe geflissentlich überging.

Wir haben nicht herausfinden können, was sie dazu veranlasst hat, die Auswirkungen aber waren gravierend: als wir schließlich unser Fahrzeug endlich hatten abstellen können und den Weg zu den Decks gefunden hatten, waren alle Sitzgelegenheiten bereits vergeben. Freie Plätze waren - wie uns auf unsere freundlichen Fragen mitgeteilt wurde - für Angehörige reserviert, die sich nur gerade mal einen Kaffee oder etwas zu Essen holen, was wir mit einem verständnisvollen Bedauern quittieren. Die Schlangen an den entsprechenden Ausgabestellen müssen ungeheuer lang gewesen sein, denn die Angehörigen haben es bis zum Ende der Überfahrt nicht geschafft, ihre so hartnäckig freigehaltenen Plätze einzunehmen. Wir aber haben im Kids Corner einen Platz für die Kinder gefunden, der Tyra einen Schmetterling, Fyn eine Spinne auf dem Arm und uns ein bisschen Ruhe zwischen vielen spielenden Kindern bescherte.

Damit war „butterfly" Tyras erstes englische Wort. Später war ihre erste Frage in einem neuen Land immer: „Und wie heißt hier Schmetterling?" Und so lernte sie im Laufe unserer Reise noch „papillon", „mariposa" und „borboleta". Erstaunlich, wie unterschiedlich Bezeichnungen innerhalb einer Sprachfamilie sein können.

P&O aber sollte überlegen, die Zahl der Ausgabestellen für Getränke und Speisen zu erhöhen. Oder einfach so viele Stühle bereitstellen, dass alle zahlenden Passagiere während der Überfahrt einen Sitzplatz finden können.

Ein Leben auf der Überholspur

Großartig! Kaum in England angekommen, fahren wir mit dem Gefühl, uns ständig auf der Überholspur zu befinden. Ich glaube, England ist das Land für unser Wohnmobil: obwohl wir andauernd das Tempolimit unterschreiten - der Kasten gibt manchmal einfach nicht mehr her - fahre ich ständig ganz links - und werde von meiner Beifahrerin, der besten Ehefrau von allen, sogar dazu aufgefordert! Nur daran, dass auf der rechten Seite jemand entgegenkommt, muss ich mich noch gewöhnen.

Könnten die Tauben nicht auch mal stumm sein?

Früh am Morgen - gefühlt so gegen 5, aber genau kann ich es mangels Uhr am Bett nicht sagen - hörten wir Schritte auf dem Dach des Wohnmobils. Unglaublich, wie schnell man wach sein kann! Schritte? Auf unserem Dach? Unmöglich! Aber doch! Da war es wieder! Es klang nach kleinen trippelnden Schritten.

Zwei Tauben hatten sich auf unserem Dach niedergelassen und dachten, trotz aller Bemühungen, sie zum Fortfliegen zu bewegen, ohne dem Alkoven entsteigen zu müssen oder - schlimmer noch - die Kinder zu wecken, nicht daran, das Dach zu verlassen. Wir entschieden uns, unsere Anstrengungen zugunsten der weiterschlafenden Kinder einzustellen, und begannen den Tag recht früh. Ich bin unbedingt für eine Einführung der Campingplatz-Ruhezeiten auch für die Tauben!

Campingplatz mit Kräutergarten

Campingplätze in England sind etwas Besonderes: wir fanden dort den schlechtesten Platz unserer Reise, aber wir fanden auch Campingplätze, die an Komfort nichts zu wünschen übrigließen. Zu der zweiten Kategorie gehörte der erste Campingplatz, den wir in England anfuhren: noch nie hatten wir einen Platz erlebt, der seinen Gästen einen Kräutergarten zur Selbstbedienung zur Verfügung stellte.

Suchbild mit Vieren

Während einer Pause in einem Café in York.

Zufälle

Zufälle, gibt's die eigentlich?
Gestartet sind wir am Morgen von dem wohl schlechtesten Campingplatz, auf dem wir bisher übernachtet haben: der Name „Ponderosa" erschien uns verlockend - wir sahen Ben Cartwright, den dicken Hoss und Little Joe vor unserem inneren Auge auf der Veranda sitzen - doch tatsächlich landeten wir auf einem Platz, auf dem augenscheinlich niemand mehr mit Besuch zu rechnen schien. Jedenfalls fing die Frau an der Rezeption, nachdem sie uns jeden beliebigen Platz zur Auswahl angeboten hatte, erst einmal an, die sanitären Anlagen zu reinigen. Nicht, dass das bei deren Zustand wirklich Sinn gemacht hätte. Aber wir nahmen es als symbolische Geste des guten Willens. Und York, die Stadt, deretwegen wir diese Übernachtung überhaupt eingelegt hatten, war die Bedingungen allemal wert!
Wir verließen also die „Ponderosa" Richtung Norden und hatten uns auch bereits einen Platz ausgesucht. Diesmal wollten wir einen Platz um des Platzes und nicht um einer Stadt willen. Silloth am Solway Firth wurde uns angepriesen, erwies sich aber als gigantische Mobilheim-Anlage ohne jedes Flair. Nach der langen Fahrt war den Kindern - und uns - eine längere Suche nicht mehr zuzumuten,

daher baten wir unser Navi um Hilfe bei der Suche nach einem nahegelegenen Campingplatz. Und siehe da: das Navi zauberte uns eine Liste mit vier Plätzen hervor.

Hoddom-Castle in nicht ganz 12 Meilen Entfernung - naja, wir sind in England, da habe ich das Navi auf Meilen und Yards umgestellt - also: Hoddom-Castle, der Name sagte uns zu. Doch als ich die Adresse als Zielort eingegeben hatte, errechnete das Gerät eine Entfernung von über 40 Meilen! Zuviel für alle!

Jetzt griffen wir zu unserem Campingführer: Cressfield Caravan Park in Ecclefechan. Drei Sterne und sehr gute hygienische Bedingungen! Das erschien uns mehr als ausreichend, erwies sich aber als noch langweilige Mobilheim-Anlage als die in Silloth. Die hygienischen Bedingungen haben wir uns gar nicht erst angesehen, sondern sind gleich einem Schild nach Hoddom-Castle gefolgt, das nur zwei Meilen entfernt liegen sollte. Keine Ahnung, was das Navi da errechnet hatte! Nach völlig verschlungenen und verwunschenen Wegen - wir befürchteten schon in einen Hollywood-Horrorstreifen geraten zu sein - tat sich plötzlich eine Lichtung auf und wir sahen das zauberhafte, wenn auch baufällige Schloss - das schottische Register für einsturzgefährdete Gebäude verzeichnet Hoddom Castle mit „at risk" - mit der großzügigen Parkanlage. Mit einem unglaublichen Blick auf das Schloss beendeten wir überglücklich den Tag.

Zufälle? Nein, die kann es nicht geben!

Wer weiß eigentlich, wo Tyndrum liegt?

Über die WhatsApp-Familiengruppe kam eine Meldung mit einem Foto der Siegessäule und der Frage:

„Große 1 Millionen € Preisfrage: wer errät, in welcher Stadt ich bin?"

Kurze Zeit später die Antwort:

„Über 3,4 Mio Einwohner und bevölkerungsreichste Gemeinde in unserem Heimatland."

„Dingdingding!! Korrekt. Das Preisgeld kann beim Berliner Finanzministerium in der Abteilung für aussichtslose Bauprojekte abgeholt werden, die machen da gerne ein paar Scheine locker!"

Bei diesem Spiel wollten wir mitmachen. Und da wir uns gerade in einem kleinen Dorf in den schottischen Highlands befanden, hielten wir die Sache für ausreichend spannend. Also posteten wir ein Foto, verbunden mit der Frage:

„Große 1 Millionen € Preisfrage: wer errät, in welchem Ort wir sind?"

Es war 14:27 Uhr. Mit einer Antwort rechneten wir nicht. Vor unserem geistigen Auge sahen wir unsere Kinder vielmehr fiebrig nach einer Antwort suchen - und kapitulieren und hatten daher weitere Hinweise vorbereitet.

Siegesgewiss stiegen wir ins Auto und fuhren los. Es war noch ein weiter Weg bis Fort William und wir wollten die Hinweise, auf die wir ziemlich stolz waren, während der Fahrt verschicken. Die Toiletten des „Green Welly", in dem wir uns befunden hatten, waren nämlich gerade zum „Klo des Jahres" ernannt worden. Das fanden wir reichlich originell.

Und der letzte Hinweis sollte dann ein Bild des „Green Welly" sein - und die knifflige Frage auflösen. Wir rechneten fest damit, dass dieser Spaß uns den Weg bis Fort William verkürzen würde.

Die Antwort kam um 14:31 - wir hatten den Rastplatz kaum verlassen: „Tyndrum".

Und eine Minute später: „Wir haben es am Straßenbelag erkannt. Den gibt's nur dort."

Fassungslosigkeit und Schweigen im Auto. Hatten wir das richtig gelesen? Das konnte doch nicht sein! Und während wir noch überlegten, wie Peter wohl so schnell auf die Antwort gekommen sein könnte, setzte der noch einen drauf. Mit drei Tränen lachenden Smilies versehen, kam um 14:36 Uhr die nächste Nachricht:

„Vor dem green welly stop."

Nun. Gesprächsstoff für die Fahrt bis Fort William hatten wir jetzt genug. Darüber, wie Peter so schnell auf die Antwort gekommen ist, rätseln wir noch heute. Verraten hat er es uns nicht.

Nur für Erwachsene

Wir stießen darauf bei der Suche nach einem neuen Campingplatz und waren uns erst nicht ganz sicher, ob wir den Text richtig verstanden hatten. Möglicherweise hatten wir etwas falsch übersetzt? Aber sooft wir es auch lasen, das Ergebnis war immer wieder gleich: der Campingplatz warb tatsächlich mit dem Hinweis „adults only".

„Adults only". Was machen die da? War es das, was wir dachten? Hier im konservativen England? Nein! Das war unmöglich! Das konnte nicht sein! Oder war das vielleicht ein geriatrischer Platz, auf dem man noch ein letztes Mal mit Menschen gleichen Alters campen konnte?

Nun, obwohl die sonstige Beschreibung des Platzes recht gut klang, hielten wir uns nicht lange mit solchen Fragen auf und suchten einen anderen - das war ja wohl auch der Sinn des Hinweises. Und letztlich kann das ja jeder Platzbetreiber entscheiden. Aber in dieser Kategorie nimmt England einen Spitzenplatz in Europa ein. Nirgendwo sonst ist uns dieser Hinweis so häufig begegnet.

Nur zur Sicherheit

Aufgefallen waren sie uns schon als wir von Bord der Fähre fuhren, die uns nach England gebracht hatte. Aber zunächst hatten wir geglaubt, das sei eine Besonderheit des Hafens. Doch wir entdeckten sie immer wieder. Überall. In den Städten, an den Autobahnen, auf öffentlichen Plätzen. Nirgends war man vor den kleinen Kameras sicher, die offenbar gleichmäßig über ganz England verteilt worden sind. Haben die die Kameras bei Großabnahme billiger bekommen?

In der Nähe jeder Kamera gab es ein kleines Hinweisschild, auf dem uns versichert wurde, die Aufnahmen, die dort gemacht wurden, dienten lediglich unserer Sicherheit. Merkwürdig war nur, dass wir uns dabei gar nicht sicherer, sondern lediglich überwacht fühlten. Noch ein Bereich, in dem England offensichtlich zu den Spitzenreitern in Europa zählt. Great, Britain!

Selfie am Loch Ness

Schön, aber irgendwie weniger spektakulär, als wir es uns vorgestellt hatten. Und Ungeheuer waren auch keine zu sehen.

Eilean Donan Castle

Eilean Donan Castle liegt auf einer kleinen Insel („Eilean" ist das gälische Wort für „Insel") im Loch Duich, der allerdings kein echter See, sondern ein recht weitläufiger Ausläufer des Atlantiks ist. Durch die umliegenden Berge und seine Lage war Eilean Donan Castle eine der malerischsten Festungen, die wir in Schottland gesehen haben.

Der beste Stellplatz

Den besten Stellplatz unserer bisherigen Fahrt fanden wir - zufällig (?) - direkt nach unserer Fahrt mit der Glenelg-Skye-Ferry an einem Strand. Er ist in keinem Campingplatzführer verzeichnet und dabei doch völlig kostenlos! Die Gemeinde Glenelg erlaubt jedem am Bernera Beach das Campen. Facilities wie auf anderen Campingplätzen gibt es keine, dafür aber die grandiose Kulisse von Skye und das Rauschen des Atlantik. So haben wir noch nie gestanden ...

... oder gegessen. Dabei war der Wind so stark, dass wir uns ständig bemühen mussten, die Spagetti einzufangen.

Überhaupt war Skye für uns ein einzigartiges Erlebnis: mit großartigen Panoramen, die sich mit jeder Kurve änderten, ...

… schmalen Straßen, die wir mit der Frage befuhren, wohin wir mit unserem großen Kasten ausweichen könnten, sollte ein Fahrzeug uns entgegenkommen, …

… und der einzigartigen Glenelg-Skye-Ferry, deren Aufsatz zum Auf- und Abfahren der Fahrzeuge noch von Hand gedreht werden musste, und bei deren Anblick meine Beifahrerin, die beste Ehefrau von allen, mehrfach unser sicheres Untergehen vor Augen hatte.

Ich durfte das Auto erst auf die Fähre setzen, nachdem der Fährmann versichert hatte, dass die Überfahrt mit einem Wohnmobil gefahrlos möglich sei. Dass er mich dabei aber aufforderte, das Fahrzeug möglichst genau in die Mitte und nicht zu weit nach rechts oder links zu fahren, da sonst die Fähre nicht im Gleichgewicht sei, habe ich dann doch lieber verschwiegen.

Großartig war auch der Border-Collie, der zunächst die wartenden Autos markierte, beim Ablegen der Fähre das Tau einholte (kein Scherz!) und während der Überfahrt ständig außen um das Boot herumlief, um seine „Herde" zusammenzuhalten. Skye allein wäre die weite Fahrt in den Norden wert gewesen.

Und es existiert doch!

Lange wurde seine Existenz bezweifelt, jetzt beweist eine einzigartige Aufnahme: das Fliegende Spagettimonster existiert! Wird der FSMismus jetzt die neue Weltreligion? Wer mehr darüber wissen möchte, kann sich bei Wikipedia unter dem Stichwort „Fliegendes Spaghettimonster" einen guten Überblick verschaffen.

Und wer sich Hintergrundwissen über Wikipedia aneignen möchte, sollte sich unbedingt den Film „Die dunkle Seite der Wikipedia" ansehen.

Malies

Es ist Montag, der 31. August, etwa gegen 4:10 Uhr. Wir stehen in Dover, bereit zur Überfahrt aufs Festland. Das also war England.

Das Linksfahren hatte ich mir problematischer vorgestellt - jetzt kann ich es ja sagen: mir war ein bisschen mulmig bei dem Gedanken daran. Aber es brauchte keine große Umgewöhnung. Schwieriger war die Position der Beifahrerin, die auf den engen Straßen in den schottischen Highlands den Lastwagen entgegenblicken musste, die mit ungebremster Geschwindigkeit an uns vorbeifuhren. Und beim Überqueren der Straße mussten die englischen Radfahrer unseretwegen ein ums andere Mal kopfschüttelnd über die Festlandeuropäer ausweichen. Daran, dass man erst nach rechts schauen muss, konnte ich mich bis zum Schluss nicht gewöhnen.

Das Wetter: regnerisch - von Anfang bis Ende. Zwar mit sonnigen Zeiten, aber die meiste Zeit eher trüb und kalt. Wie halten die Engländer das nur aus? Und dann die Entfernungen. 260 Meilen noch - sagt mein Navi auf die Frage, wie weit das Ziel noch entfernt ist. Das schaffen wir locker - sagt der Fahrer gelassen zu seiner Beifahrerin, ohne zu bedenken, dass so eine englische Entfernungsgröße viel länger dauert als zuhause, sodass wir immer wieder mit der

Ankunftszeit zu kämpfen hatten.

Cambridge? Müssen wir beim nächsten Mal glaube ich nicht noch einmal hin. Verwirrend viele Universität, in denen lauter bekannte und unbekannte Menschen studiert haben. Alle unglaublich alt und traditionsreich - die Universitäten - und irgendwie ist man auch beeindruckt, aber am Ende waren wir erschlagen. Und ansonsten finden sich zuhauf teure Geschäfte mit teuren Auslagen, die man sich nach einer Weile nicht mehr anschauen mag. Wir waren froh, dass wir gegenüber der Round Church eine kleine Creperie gefunden haben, die uns mit Kaffee und unsere Kinder mit Schokomuffins versorgte.

Ganz anders York! Welch ein Leben in diesen kleinen und engen Gassen. 2000 Jahre Geschichte auf so engem Raum! Beeindruckend! Auch wenn wir das Minster ausgelassen haben, weil wir 10 £ Eintrittspreis in eine Kirche für völlig überzogen gehalten haben. Dafür trafen wir vor dem Minster Karl. Karl Mullen spielte unter freiem Himmel auf einem roten Klavier „Bohemian Rhapsody" und gewann damit Fyn - und uns - als Fan. Fyn war nicht mehr zum Weitergehen zu bewegen und rückte Karl im Laufe der folgenden Stücke immer näher ans Klavier. Was die beiden dabei miteinander besprachen, wissen wir nicht. Verstanden haben sie sich jedenfalls ausgezeichnet, Fyn ohne Englisch und Karl ohne Deutsch. Und für die umstehenden Touristen war das Schauspiel, das die beiden boten, ein echtes Spektakel.

Und schließlich Skye! Darüber habe ich ja schon geschrieben. Ich will auf jeden Fall noch einmal dorthin. Weshalb haben die das nur so weit weg von uns gebaut? Könnte das nicht ein wenig näherliegen? Eine unglaublich beeindruckende Insel.

Als letztes wird mir Tyras Versuch, die fremde Sprache zu erlernen, im Gedächtnis bleiben. Nicht, dass viele Worte hängen geblieben wären: „Butterfly", weil sie auf der Überfahrt nach England einen Schmetterling auf den Arm gemalt bekommen hatte, und „Moin", ihre sprachwissenschaftlich sicher durchaus haltbare Abwandlung des uns zugerufenen „morning" beim Holen unseres Pints Milch am Morgen. Tyra hat sich eine Fantasie-Sprache zugelegt, deren Vokabular sie wahrscheinlich selbst nicht kennt, die aber unglaublich englisch klingt. Ihr einziger Satz klang ein bisschen wie „just make a fake". Damit hat sie die englischen Kinder doch sehr verunsichert.

Und natürlich ihre Frage: wie viele Malies noch? Die ersten Male waren wir verunsichert. Wir haben keine Marlies im Freundes- oder Bekanntenkreis. Aber ihre Frage wiederholte sie hartnäckig. Wie viele Malies noch? Irgendwann fiel uns auf, dass die Frage immer dann kam, wenn wir uns vorn im Wagen darüber unterhielten, wie lange wir wohl noch zu fahren hätten. Doch unser Versuch einer Korrektur lief ins Leere, Tyra blieb hartnäckig bei ihrer Variante, solange, bis wir sie übernahmen. Seit der Zeit wurden Entfernungen in England bei uns nur noch in Malies angegeben.

Lebt Merkel noch?

Vier Wochen unterwegs und keine Nachrichten! Lebt Merkel eigentlich noch? Sind die Börsen noch stabil? Ist der IS immer noch weiter auf dem Vormarsch?

Vier Wochen unterwegs und keine Nachrichten! Wir leben gut damit und haben nicht das Gefühl, etwas zu verpassen. Allerdings werden wir bei „Das war 2015" und „Das war 2016" wohl nicht mitreden können.

Das Grauen

Schreckliche Vorstellung: morgens hinten im Alkoven mit einem Wadenkrampf aufwachen. Wie kommt man dann ohne die Vorderfrau und die Kinder zu wecken, die Leiter herunter?

Schlimmer noch: wie kommt man überhaupt die Leiter herunter?

Besser nicht drüber nachdenken!

Camping hinter verschlossenen Türen

Erschreckend! Irgendwie war Camping früher anders! (Komme ich jetzt auch schon in das „früher-war-alles-besser"-Alter?) Früher saßen die Camper abends, wenn die Kinder im Bett waren - bei manchen liefen die Kinder auch noch herum - vor ihren Zelten und Wagen und unterhielten sich je nach Herkunft und Temperament unterschiedlich laut miteinander. Man lernte die Nachbarn kennen, freundete sich an, tauschte im besten Fall sogar Adressen aus oder grüßte einfach nur freundlich. Heute sind die Campingplätze abends still und flackernd blau beleuchtet.

Wer immer die Satellitenschüssel erfunden hat: dem Camping hat er keinen guten Dienst getan.

Über Gewicht

Ich hatte fest damit gerechnet, im Laufe des Urlaubs an Gewicht zu verlieren. Nach Hosenbundweitenmaß - eine Waage habe ich nicht - war das eine Fehleinschätzung. Nach etwas mehr als vier Wochen muss ich feststellen: ich brauche definitiv mehr Urlaub

Französische Autobahnen sind Museen!

Französische Autobahnen sind in Wirklichkeit Museen! Sie sind jedenfalls nicht gebaut worden, um Fahrzeugen eine schnelle Verbindung zwischen zwei Orten zu ermöglichen. Also: sie könnten das schon - immerhin gibt es nicht, wie bei uns in Deutschland, ständig überlange Baustellen. Die Fahrbahnen französischer Autobahnen müssen nicht erneuert werden. Aber anders als in Deutschland oder zuletzt in England fährt niemand darauf. Jedenfalls habe während unserer Fahrten kaum jemanden gesehen. Man musste ja schon froh sein, wenn man ab und zu mal von einem anderen Auto überholt wurde. Das vermittelte einem das Gefühl, nicht völlig allein zu sein. Mir jedenfalls hat sich der Grund für den Bau nicht erschlossen. Wahrscheinlich ist in Zeiten allgemeinen Wohlstands in Frankreich noch Geld im Steuersäckel gewesen, das dringend ausgegeben werden musste. Oder aber - ich halte dies für die wahrscheinlichere Erklärung - es gab einen wohlhabenden Mäzen, der in dadaistischer Laune Geld für ein gigantisches Kunstobjekt zur Verfügung stellte, das jetzt besichtigt werden kann.

Kunstbeflissen wie wir sind - und jetzt, wo wir schon mal vor Ort sind - wollten wir auch einen Blick auf dieses gigantische Objekt werfen. Und es hat uns wirklich überwältigt! Diese Ausmaße! Diese Dimensionen! Und wie der nirgends genannte Künstler mit dem Licht experimentiert hat! Immer wieder zeigt das Objekt bei wechselnder Beleuchtung andere, neue Facetten! Da sich das Objekt ob seiner Größe nicht im Ganzen, sondern nur in Teilen erfahren lässt, haben wir uns nach langen Überlegungen und Diskussionen für das Teilstück zwischen Blois und Clermant-Ferrand entschieden. Aber so unglaublich wie das Objekt war auch der Eintrittspreis - eigentlich muss man eher von einem Austrittspreis sprechen, denn anders als sonst in einem Museum, wird man erst dann zur Kasse gebeten, wenn man die Ausstellung wieder verlassen möchte - für die Besichtigung der gut 280 km langen Teilstrecke mussten wir 100 Euro bezahlen (ist der Plural von Euro eigentlich Euro oder Euros?). Jeder gefahrene Kilometer kostete uns also etwa 36 Cent. Wahrscheinlich wird das Autobahn-Museum nicht vom französischen Staat subventioniert. Bei derart gepfefferten Preisen können wir uns die Besichtigung weiterer Teilabschnitte nicht mehr leisten.

Gemeinschaftsduschen

Gefunden haben wir das nur in Frankreich - Franzosen praktizierten es aber oftmals auch dort, wo es eigentlich getrennt zugehen soll: gemeinsame Sanitäranlagen für Männer und Frauen. Und warum auch nicht - ist zuhause ja auch nicht anders! Wir hatten uns jedenfalls schnell daran gewöhnt. Und meiner Frau, der besten Ehefrau von allen, verhalf es zu der Erkenntnis: Mein Gott, duschen Männer laut!

Auf Empfehlung in Amiens

Hilde und Bernhard sind erfahrene Camper - sie sind eine ganze Reihe von Jahren älter als wir und haben in dieser Zeit schon so manches Land mit ihrem kleinen Wohnmobil be- und erfahren. In De Haan standen sie neben uns und so kamen wir ins Gespräch, das wir bald so vertieft hatten, dass wir unsere Stühle an deren Tisch holten. Bernhard erzählte spannend und mit einer Hingabe, dass es eine Freude war ihm zuzuhören, und seine Frau korrigierte ihn gelegentlich liebevoll. Ein Traumpaar!

Wenn Bernhard einmal ins Erzählen gekommen war, konnte ihn so leicht nichts mehr halten. Und so berichtete er uns von all ihren Fahrten und ließ auch Details nicht aus. Wir kennen jetzt gute Restaurants in den verschiedensten Gegenden Europas, wissen, wo man sich gut mit seinem Wohnmobil hinstellen kann und wo besser nicht, und bekamen Tipps, was wir uns unbedingt ansehen sollten. Als er hörte, dass wir in die Richtung wollten, aus der sie gerade gekommen waren, riet er uns, nach Amiens zu fahren. Diese Stadt müsse man unbedingt gesehen haben. Er war so begeistert, dass wir versprachen, seinem Rat zu folgen.

Dass wir für die etwa 260 Kilometer lange Strecke von Flandern nach Amiens am Ende mehr als zwei Wochen brauchen würden, konnten wir damals noch nicht ahnen. Doch nach unserem Abstecher nach England erinnerten wir uns erneut an Bernhards Empfehlung. Und so kamen wir nach Amiens.

Wie immer ohne Stadtführer unterwegs, fiel uns als erstes die imposante Kathedrale auf. Unschlüssig, in welche Richtung wir gehen sollten, gelangten wir anschließend auf den Place Gambetta, über dem eine zauberhafte Installation von Regenschirmen hing.

Wir tranken einen Kaffee und überlegten, was wir als nächstes tun sollten. Eigentlich machte die Stadt auf uns keinen so überwältigenden Eindruck und wir wollten mit den Kindern auch nicht planlos umherlaufen, um am Ende festzustellen, dass es eigentlich nicht wirklich etwas zu sehen gab. Also entschieden wir uns - etwas irritiert, ob der überschwänglichen Empfehlung - wieder zurück in Richtung Kathedrale zu gehen. Um nicht exakt denselben Weg zum Auto zurückzugehen, auf dem wir gekommen waren, gingen wir einmal um die Kathedrale herum und entdeckten auf der Rückseite eine Treppe, die wir - ich weiß nicht mehr, wer diesen Vorschlag gemacht hatte - hinuntergingen, obwohl wir den kurz zuvor in Abbeville erstandenen Buggy für Fyn dabei die Stufen hinunter tragen mussten - natürlich samt Fyn, der nicht zu bewegen war, sein gerade erst erworbenes Gefährt zu verlassen.

Nach dieser recht mühevollen Aktion erblickten wir eine Reihe von Kneipen und Bars mit regem Betrieb. Das wirkte einladend und wir folgten dem lebhaften Treiben. Unvermittelt standen wir an der Somme direkt gegenüber dem Quartier Saint-Leu, einer zauberhaften Ansammlung ehemaliger Fischerhäuser - früher sicher eine der ärmlicheren Gegenden der Stadt, heute bevorzugtes Kneipen- und Restaurantviertel und fotogener Anziehungspunkt für Touristen. Jetzt endlich wurde uns klar, weshalb Hilde und Bernhard uns Amiens derart an Herz gelegt hatten.

Sainte Suzanne

Zur Förderung des Tourismus in ländlichen Regionen werden Orte mit nicht mehr als 2000 Einwohnern und denkmalgeschützten Bauwerken als „plus beaux villages de France" ausgezeichnet. Sainte Suzanne, ein kleiner, auf einer Anhöhe gelegener Ort mit nur knapp 1000 Einwohnern, zählt zu diesen schönsten Dörfern Frankreichs. Besonders sehenswert in diesem etwas verschlafenen Städtchen sind die mittelalterliche Altstadt mit ihren gut erhaltenen Häusern und Straßen und das Schloss.

Das Drachenhaus

In Blois steht das „Maison de la Magie" - für unsere Kinder schlicht „das Drachenhaus". Eigentlich ist das Drachenhaus ein Museum für den Zauberkünstler und Automatenbauer Jean Eugène Robert-Houdin. Und so ist die Fassade dieses Hauses wie ein überdimensionierter Automat: nach und nach öffnen sich die Fenster und fauchende Drachen und zuletzt ein Drachenschwanz bieten ein gigantisches Spektakel.

Der kleine Prinz und sein Schloss

Vor gar nicht allzu langer Zeit - vielleicht ist es auch schon ein bisschen länger her, oder die Geschichte ist überhaupt nie passiert - ging Kunde durch das Land, dass ein neuer Herrscher im Königreich gesucht werde. Das Schloss stand leer und brauchte dringend einen neuen Regenten, der es zu seinem Sitz machen würde. Und so zogen die Herolde aus, die Kunde von der Suche nach einem neuen König in alle vier Himmelsrichtungen zu verbreiten.

Bald schon zogen die Bewerber in Strömen zu dem Schloss. Doch ein Zauber lag auf dem Anwesen und alle angereisten Prinzen fielen beim Anblick des Schlosses in einen tiefen Schlaf. Und so steht das Schloss heute noch leer und wartet auf den kommenden König, der es zu neuem Leben erwecken kann.

Selfie mit Schloss

Gesehen hatten wir sie schon vorher, doch so richtig aufgefallen sind sie uns erst hier: japanische Touristen beim Selfie. Ich bin fest überzeugt, dass sie von den Orten, die sie besucht haben, nichts mitbekommen haben, denn sie waren nur damit beschäftigt, ihre Anwesenheit zu dokumentieren. Alle zehn Meter blieben sie stehen und fotografierten sich aus einem anderen Blickwinkel vor dem Schloss und wir mussten uns sehr bemühen, nicht andauernd irgendeinem Selfiejäger im Bild zu stehen. Und schließlich gaben wir auf - und schossen selbst ein Selfie mit Schloss.

Die Rückkehr

2008 waren wir schon einmal hier - doch den Eingang zum Campingplatz in Millau hätte ich nicht wiedererkannt. Und wie haben wir uns mit der Zeit verändert!

 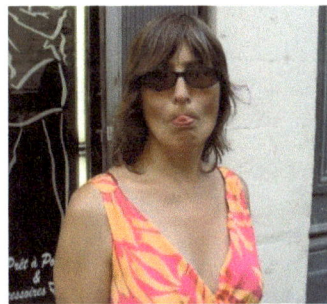

Scheidung

Ich habe gewusst, dass es gleich passieren wird, aber ich konnte es nicht mehr verhindern. Wir toben im Meer unweit von Beziers und Narbonne, als ich plötzlich zu schreien beginne: „Nein! Nicht! Lass los! Warte, warte!" Doch nichts hilft und in Gedanken sehe ich mich schon vor dem Scheidungsrichter sitzen. Fyn, immer noch ausgesprochen ängstlich im Wasser, klammert sich so unglücklich an meine Hand, dass er mir den Ehering vom Finger zieht.

Und wie in Zeitlupe sehe ich, wie der Ring - kein gekaufter, sondern selbst entworfen und angefertigt und damit nicht zu ersetzen - langsam im Meer versinkt. Er trudelt hinunter und setzt auf. Eine unglückliche Bewegung und er wird im Sand verschwinden.

Gerade noch rechtzeitig ergreife ich ihn und hole ihn zurück. Die Ehe ist gerettet! Und während ich mir voller Erleichterung den Ring wieder auf den Finger stecke, höre ich: „Was machst du denn hier für ein Geschrei?" Ich helfe mir mit Ausreden. Die Wahrheit zu sagen, bringe ich einfach nicht über mich.

Picknick auf der Straße

Eine von Fyns zahlreichen Ideen: komm Tyra, wir machen Picknick auf der Straße. Und so wurde kurzerhand das „Auto" beladen und die Picknickdecke ausgebreitet.

Sangria in Tossa

Sangria macht gute Laune - die beste Sangria macht die beste Laune. Unsere beste Sangria in Spanien tranken wir im La Lluna in Tossa de Mar. Der stufenreiche Aufstieg in die Carrer de l'Abat Oliva lohnt in jedem Fall! Ein kleines Lokal mit wenigen Plätzen - für einen Tisch braucht man schon etwas Glück - aber alles ist handgemacht und frisch zubereitet.

Ein Esel in Barcelona

Empfiehlt sich unbedingt bei einem Besuch von Barcelona: „Camping Barcelona" in Mataró. Nicht nur, dass dieser Platz einen kostenlosen Shuttleservice nach Barcelona und zurück anbietet, es war auch der einzige, den wir erlebt haben, mit eigenem Tierpark. Eine Familie, die es von Holland nach Spaniern verschlagen hatte, kümmerte sich hier um eine ganze Reihe von Tieren, die die Kinder beobachten, streicheln, füttern oder reiten durften.

Gaudí

Ich habe es wirklich versucht, mehrfach, aber es will mir einfach nicht gelingen. Ich kann die Eindrücke unseres Besuchs der Sagrada Familia einfach nicht in Worte übersetzen. Und ich befürchte, auch die Fotos können dieses Eindruck kaum angemessen wiedergeben. Aber tatsächlich hat sich das lange Anstehen für Eintrittskarten, das Absitzen der Zeit bis zum aufgedruckten Eintrittstermin - man kann mit der Karte nicht einfach in die Kirche gehen, es gibt ein festgelegtes Zeitfenster für den Eintritt und die Zeit zwischen Kartenkauf und Eintritt mussten wir dann irgendwie rumkriegen - und das Schlangestehen mit zwei Kindern (!) wirklich gelohnt. Selbst die Kinder scheinen die Großartigkeit dieses Raumes gespürt zu haben. Wir mussten den Besuch nicht - wie befürchtet - nach kurzer Zeit wegen ungeduldigen, unruhigen und zappelig durch die Kirche tobenden Kindern abbrechen. Im Gegenteil: sie waren so aufmerksam wie selten und sahen sich alles sehr genau an. Besonders die Eingangstür mit dem detailreich ausgearbeiteten Blattwerk und den darin versteckten Insekten und Spinnen hatte es ihnen angetan. Wir waren so überwältigt, dass wir die Zeit aus den Augen verloren hatten und den Rückbus nur mit Mühe erreichten.

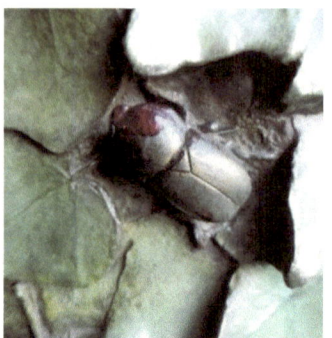

Manuel Manolo

Der Reifen ist platt! Eigentlich war ich davon überzeugt, dass mir das in diesem Jahr nicht passieren würde. Wagenheber oder andere Hilfsmittel für einen Reifenwechsel habe ich deshalb gar nicht erst mitgenommen. Doch jetzt ist es deutlich zu sehen: der rechte Hinterreifen ist platt wie eine Flunder; so platt, dass das Wohnmobil schon schief steht. An Weiterfahren ist so nicht zu denken! Hier zu bleiben wäre die eine Alternative - immerhin überwintern auf unserem derzeitigen Platz zahlreiche Rentner aus Deutschland, England und den Niederlanden, so viele, dass es sogar einen Chor mit 40 Mitgliedern gibt, der regelmäßig probt und in den Wintermonaten auftritt.

Trotz solcher Verlockungen entscheiden wir uns für Plan B: einen neuen Reifen - oder wahrscheinlich zwei, damit auf der Achse zwei identische Reifen sitzen. Unser holländischer Nachbar gibt uns erste Tipps: die Security am Platzeingang - ja! So etwas gibt es hier. Ziemlich erschreckend, nicht? Hat hier aber fast jeder Campingplatz - die Security also verleiht einen Kompressor und im nächsten Ort, Catral, gibt es einen Reifenservice, nach der fünften Ampel auf der linken Seite in einem gelben Haus. Ja, gut! Das kann man doch gar nicht verfehlen!

Also: auf zur Security! Vorher noch kurz überlegt, was

Reifen auf Englisch heißt - auf „tyre" wäre ich nie gekommen, wie gut, dass es die dict.cc-App gibt, die meinen blassen Kenntnissen zu frischer Farbe verhilft. Zurück komme ich mit einem recht einfachen, aber wirkungsvollen Modell, das unter viel Krach dem platten Reifen wieder etwas Leben einhaucht. Nicht so viel, wie seine drei Geschwister haben, aber immerhin so viel, dass er das Wohnmobil die drei Kilometer bis Catral tragen helfen können sollte (für solche Satzkonstruktionsmöglichkeiten - das längste Wort bisher im Blog - liebe ich die deutsche Sprache).

Also schnell noch an den Bankautomaten, um im Zweifelsfall über ausreichend Bargeld zu verfügen - 350 Euro sollten hoffentlich reichen? - und auf nach Catral! Doch der Ort erweist sich als größer als erwartet. Ampeln gibt es hier an jeder Kreuzung, weit mehr als nur fünf! Und die Häuser sind alle gelb! Was heißt „Reifenservice" bloß auf Spanisch? Dict.cc-App gibt mir darauf keine Antwort. Während ich beginne, innerlich zu fluchen, sehe ich, fast am Ausgang des Ortes, ein Haus, etwas gelber als die anderen, mit der Aufschrift „neumático". Das muss es sein! Ich wende, halte, steige aus und gehe hinein.

Zwei Männer, vertieft im Gespräch, reagieren nicht auf mein ermunterndes ¡Hola! Ich warte und versuche es nach einer kurzen Weile noch einmal: ¡Hola! Einer der Männer grüßt zurück - das muss der Chef sein! Ich blicke erwartungsvoll in seine Richtung, aber die zwei setzen ihr Gespräch völlig ungerührt fort. Schließlich schaut er aus der

Werkstatt auf unser Mobil und sagt: „Ah, ein Wohnmobil? Das bin ich auch über 30 Jahre gefahren, jetzt nicht mehr, aber es gibt einfach nichts Besseres!" Ich stutze und versuche mir die Verwunderung nicht anmerken zu lassen. Und nach und nach erfahre ich fast die gesamte Familiengeschichte: Manuel Manolo ist in Madrid geboren, hat aber über 30 Jahre in der Nähe von Frankfurt gearbeitet und bezeichnet sich selbst als Hessen. „Ich bin Hesse", sagt Manuel zu mir, „aber das hört man ja auch am Akzent." Er hat sein Haus in Deutschland verkauft und hier in Catral einen Bungalow mit Swimmingpool erworben. So schön, dass deutsche Freunde bei ihm Urlaub machen. Nach Deutschland will er aber nicht mehr. Nur 2018 muss er nochmal hin. Er greift in sein Portemonnaie und holt einen deutschen Ausweis heraus, auf den er sehr stolz ist. 2018 läuft er ab und Manuel will ihn unbedingt verlängern lassen, obwohl er auch einen spanischen Pass besitzt. Letzten Montag ist seine Frau verstorben, erzählt er während der zweite Mann ein Fahrzeug auf die Hebebühne fährt, und lässt mich ziemlich ratlos zurück, wie ich auf diese Information reagieren soll. Offenbar erwartet er aber kein Beileid oder Bedauern, denn Manuel setzt unvermittelt sein Gespräch mit dem anderen Mann fort. Ich verstehe nichts von dem, was die beiden verhandeln, außer dem Wort „mañana". Schließlich geht Manuel, wir verabschieden uns voneinander, und der andere Mann wendet sich mir zu.

Mein Versuch, ihm klarzumachen, dass mein Reifen

Luft verliert, endet in Verständnislosigkeit. Auch Gestikulation hilft uns beiden nicht weiter. Zu unserem Glück ist Manuel noch nicht weit. Zurückgeholt wird er zum Dolmetscher und klärt den Sachverhalt souverän. Noch einmal verabschieden wir uns voneinander, diesmal sehr viel herzlicher, auch wenn ich den benzinbetriebenen 40 Jahre alten Generator, den er mir für 350 Euro anbietet - weiß er, was ich im Portemonnaie habe?, nicht kaufen will.

Stattdessen fahre ich das Mobil etwas nach vorn und sehe zu, wie der Reifen abmontiert und in ein Wasserbad getaucht wird. Schnell ist die schadhafte Stelle ausfindig gemacht und der Reifen wird von der Felge getrennt. Ein Nagel hat sich komplett durch den Mantel gebohrt. Ich befürchte das Schlimmste! Doch erstaunt sehe ich zu, wie zunächst der Nagel entfernt, danach die schadhafte Stelle mit einer Feile angeraut und schließlich mit Kleber verschlossen wird. Nach insgesamt etwa 20 Minuten ist der Reifen wieder am Wohnmobil! Ungläubig nehme ich zur Kenntnis, dass José für die Reparatur 10 Euro berechnet. Er nimmt mein Erstaunen voller Stolz zur Kenntnis und wir tauschen Geld und Namen. Ich verstehe nicht, was er mir sagt, und José versteht nichts von dem, was ich ihm erzähle, aber wir gehen mit gutem Gefühl auseinander und winken uns zum Abschied herzlich zu.

Manuel und José, beide werde ich niemals wiedersehen, aber sie werden Teil meiner Erinnerung bleiben. Manuel, der Gesprächige, und José, der Schweigsame.

Weiße Nächte an der Weißen Küste

Bisher hatte ich angenommen, das Phänomen der Weißen Nächte sei auf Bereiche nördlich des 57. Breitengrades beschränkt. Doch eigene Untersuchungen haben ergeben - für einige sicher eine wissenschaftliche Sensation: es gibt Weiße Nächte am 38. Breitengrad! Auf unserem Campingplatz zwischen Alicante und Murcia ist es auch nachts so hell, dass an Schlaf nicht zu denken ist - und das das ganze Jahr über! Geographie ist doch ein verrücktes Luder!

Vielleicht könnte auch einfach mal jemand nachts das Licht abschalten?

Google, Gott und Mücken

Sie überfallen uns regelmäßig mit Einsatz der Dämmerung, unerbittlich und ohne Gnade. Ich werde darüber nachdenken, ob ihre Existenz als Beweis für die Fehlbarkeit Gottes gelten kann. (Welche Konsequenz hätte das dann für den Papst? Und was bedeutet es, dass, wenn ich „Gott" schreiben will, nach zwei geschriebenen Buchstaben als erster Textvorschlag „Google" erscheint?)

Während also um mich herum alle mit Stichen übersät sind und aussehen wie Masernkranke, habe ich nicht einen einzigen. Und es ist nicht so, als ob ich nicht alles probiert hätte: Ich gehe mit dem Hund durch das Schilf vor der Mittelmeerküste bei Beziers - nichts! Ich gehe besonders langsam zurück vom Strand - nichts! Ich sitze einfach still und warte - nichts! Abendessen in der Dämmerung vor dem Wohnmobil - nichts! Die Mücken wollen einfach nicht beißen! Ob ich es will oder nicht, es führt kein Weg an der Erkenntnis vorbei: Ich bin unverwundbar!

Manchmal haben Kugelzellen vielleicht auch etwas Gutes.

Wochentage

Jetzt ist es soweit! Wir sind zwei Monate unterwegs - und ich kann die einfache Frage „Was ist eigentlich heute für ein Tag?" nicht mehr beantworten. Und das, wo ich gehört habe, dass diese Frage zum Standardrepertoire bei Alzheimer zählt.

Es passierte gestern bei der Fahrt durch ein gespenstisch leeres Einkaufszentrum - die Einkaufszentren in Spanien sind gigantisch groß und auch normal besucht schon gespenstisch, aber völlig leer fühlt man sich wie in einem Horrorfilm. Vor dem inneren Auge laufen schon die entsprechenden Szenen ab: kaum ist man aus dem Auto gestiegen und hat sein Fahrzeug abgeschlossen (natürlich fällt einem dabei der Schlüssel aus der Hand), setzt eine tiefe und unheimliche Melodie ein – als Zuhörer weißt du natürlich beim Einsatz der Musik, dass gleich etwas ganz Schreckliches passieren wird, aber als Protagonist kannst du die Musik ja nicht hören und bist überhaupt nicht beunruhigt. Als Kind musste ich gelegentlich in unseren recht düsteren Keller und lauschte deswegen oben an der Treppe ganz besonders genau: sofern nach dem Öffnen der Kellertür keine unheimliche Musik einsetzte, wusste ich, dass ich gefahrlos hinabsteigen konnte.

Zurück zur laufenden Szene: die Kamera schwenkt ein wenig und hinter allen Ecken des weitläufigen Geländes tauchen Zombies auf, die unaufhaltsam näherkommen, während man selber unter dem Auto liegt und versucht, den Schlüssel wieder hervorzuholen.

Ich schüttele die Gedanken ab, es ist ja nur ein leeres Einkaufszentrum. Meine Beifahrerin, die beste Ehefrau von allen, fragt: Sag mal, welcher Tag ist eigentlich heute?

Ich: Wieso?

Sie: Hier ist überhaupt keiner!

Ich: Ist vielleicht Sonntag?

Sie (nach längerer Pause): Fühlt sich aber so an wie Donnerstag!

Ich (in und an der Luft schnuppernd): Riecht aber wie Dienstag!

Lange Pause.

Sie: Guck doch mal auf dein Handy!

Tatsächlich war Freitag. Aber in Spanien war irgendein uns unbekannter katholischer Feiertag und alle Geschäfte waren geschlossen.

Wenn ich demnächst auch die Uhr nicht mehr richtig zeichnen kann, wird es grenzwertig. Aber vielleicht vergehen ja bis dahin noch ... ähh

Zwei Monate - und was wir vermissen

Zwei Monate auf Reisen - großartige Vorstellung, dass noch 10 (!) weitere vor uns liegen! Alle um uns herum fahren allmählich Richtung Heimat, aber wir können weiterhin von einem Tag zum nächsten leben, ohne Planung, denn noch bleiben uns etwa 300 Tage.

7800 Kilometer Weg haben wir bisher zurückgelegt - hochgerechnet werden wir also noch 39000 Kilometer fahren, bevor diese Reise endet. Eine Zahl, die einem fast etwas Angst einjagen kann!

Unser Resümee (schreibt man das jetzt so? oder schon immer so?) nach zwei Monaten: es gibt kaum etwas, was wir vermissen - hier muss ich eigentlich genauer nur von mir sprechen - also: es gibt kaum etwas, was ich vermisse.

Liebe Kolleginnen, liebe Kollegen, ihr werdet es kaum glauben, aber ich vermisse keine Klausurkorrekturen und keine Notenbesprechungen! Nein! Wirklich nicht! Und ich glaube auch nicht, dass das noch kommt. Ich vermisse auch nicht die Chorproben. Lieber Chor, auch ihr werdet das vielleicht kaum glauben, aber es ist tatsächlich so. Und ich vermisse auch nicht unser schönes, gemütliches Haus, nicht den wundervollen Blick von der Terrasse in die Ferne, nicht den Garten, noch nicht einmal das Klavier. Nicht die

Bücher, die CD's, nicht die Noten, nicht das gute Sonntagsgeschirr, das wir uns zugelegt haben, nichts von alldem! Das sind alles Dinge und ich stelle fest, dass ich sie nicht brauche! (Ich werde noch darüber nachdenken müssen, was das für die Zeit nach dem Sabbatjahr bedeutet!)

Aber es gibt etwas, was ich vermisse - und hier kann ich jetzt mit gutem Gewissen wieder von uns sprechen: wir vermissen die Menschen, mit denen wir zu tun haben. Wir vermissen unsere Freunde (schade, dass ihr nicht dabei sein könnt), wir vermissen euch Sängerinnen und Sänger aus dem Chor (oft reden wir von euch und denken daran, wie es euch wohl gerade geht), wir vermissen unsere Nachbarn (den Schnack übern Zaun oder den Klön am Wagen von Bäcker Mierisch) und ich vermisse die Gespräche mit KollegInnen und Schülern (nicht die Unterrichtsgespräche, sondern die Gespräche danach - liebe Kollegiaten, ihr wisst schon, was ich meine). Und wir vermissen unsere große Familie - ich glaube, nach diesem Jahr sollten wir ein großes gemeinsames Fest feiern, wo auch immer, denn die Streubreite ist mit Speyer und Landau, Bochum und Köln, Jena und Berlin, Braunschweig und Bad Salzdetfurth doch ziemlich groß.

Also alle ihr, die ihr hier lest, die ihr regelmäßig oder gelegentlich an uns denkt: Wir vermissen euch - und wir freuen uns jetzt schon auf das Wiedersehen!

Frische Tomaten

Frische Tomaten aus Spanien sind denen aus Holland unbedingt vorzuziehen. Meint man. Kommt ja auch mehr Sonne dran! Dann wachsen die sicher auch besser. Und manche von denen sind sogar Öko!

Aber: jeder sollte wissen, wie die Produktionsbedingungen in Spanien aussehen: 350 km² der Fläche der Provinz Almería liegen dauerhaft unter Plastik. Das ist mehr als die Fläche von Bremen. Ganz Bremen unter Plastik!

Millionen von Tonnen an Obst und Gemüse werden

jährlich in diesem „mar del plástico" produziert. Das ist nicht nur grauenhaft anzusehen, wenn man durch die Treibhäuser fährt, sondern wegen des vielen Plastiks auch höchst bedenklich. Übrigens werden auch die Tomaten, die als Öko-Tomaten deklariert sind, hier so produziert! Unter normalen Bedingungen wachsen hier im Süden Spaniens nämlich gar keine Tomaten. Viel zu heiß und viel zu wenig Wasser.

Weitaus schlimmer als die Produktionsbedingungen aber sind die Voraussetzungen, unter denen hier die meist illegal aus Afrika eingewanderten Arbeiter leben und arbeiten müssen. Hier werden Menschenrechte gravierend missachtet! Und diese Lebensbedingungen sind nicht etwa versteckt, sondern deutlich von öffentlichen Straßen aus zu sehen. Wir sind vorbeigefahren und haben nicht glauben können, dass Menschen - in Europa - so leben müssen.

Entschuldigung: der Zusatz „Europa" muss gestrichen werden. Solche Lebensbedingungen werden durch räumliche Distanz nicht akzeptabel! Aber ich muss unbedingt darüber nachdenken, was Demokratien taugen, wenn es ihnen nicht gelingt, solche Missstände zu beseitigen. Oder ist es vielleicht so, dass die Demokratie in erster Linie eine Staatsform ist, die unter dem Mantel von „Freiheit" jedem die unbegrenzte Akkumulation von Kapital ermöglicht; eine Anhäufung, die prinzipiell jedem, aber niemals allen möglich ist! Unbeschränkter Reichtum auf der einen bedingt Armut auf der anderen Seite! Und so eine Reise, wie wir sie machen können, ist nur deshalb möglich, weil es Menschen gibt, die sich so eine Reise niemals werden leisten können, mir aber dafür auf den Campingplätzen die Toiletten sauber halten!

Gefunden! Schauplatz von „Herr der Fliegen"

Jetzt gefundene Fotografien belegen: William Goldings Roman „Herr der Fliegen" wurde nicht, wie bisher angenommen, auf Puerto Rico und Jamaica verfilmt. Drehort des Filmklassikers war offenbar vielmehr die spanische Provinz Almería.

Granada, du Märchenhafte

Ja, märchenhaft bist du noch immer, Granada, ganz so wie Rudolf Schock es besingt, mit dem wir uns heute auf den Besuch eingestimmt haben: „Granada, Märchen aus uralten Zeiten". Ein bisschen schnulzig vielleicht und mit übertriebener Geste, doch Albaicin und Alhambra haben etwas Märchenhaftes, strömen einen feinen Zauber aus, dem man sich nicht entziehen kann.

Und so zogen wir voller Staunen durch deine engen Gassen, immer höher und um viele Ecken, die stets Neues hervorzauberten, bis sich - völlig unerwartet - ein Platz vor uns auftat, der den Blick auf die riesige Anlage der Alhambra freigab. Dass sich hinter ihnen großartige botanische und architektonische Schätze befinden, verbergen die unscheinbaren Mauern dieser Burg geschickt.

Schwierig gestaltete sich die Suche nach einem Lokal, das laufmüden Touristen Essen zu bezahlbaren Preisen anzubieten hatte. Zwar gab es Plätze am Mirador de San Nicolas, aber die Preise waren echte Touristenpreise! Unbezahlbar! Auch wenn die Kinder vehement protestierten, zogen wir weiter - diesmal den Albaicin wieder bergab. In der Placeta Cruz Verde gingen wir an einem kleinen, etwas unscheinbaren Café vorbei, dem Cafe 4 Gatos. Draußen war ein Tisch frei, also setzten wir uns - und hätten es nicht besser treffen können! Es gab ausgesprochen leckere Bocadillos, ausgezeichneten Café und als Zugabe Sitzplätze mit Blick auf die vorbeiziehenden Touristen und - die Alhambra! Besser geht's nicht!

Für den kommenden Tag hatten wir überraschend problemlos über unseren Campingplatz noch Karten für die Alhambra erhalten - ehrlich gesagt: wir hatten überhaupt nicht darüber nachgedacht, dass man besser Karten im Vorfeld organisieren sollte und waren etwas fassungslos, als uns unsere belgischen Nachbarn auf dem Campingplatz gleich bei unserer Ankunft erklärten, Karten für die Alhambra gebe es erst wieder in der zweiten Oktoberwoche. Ach je! Granada ohne Alhambra! Dann könnten wir ja eigentlich gleich am nächsten Tag wieder fahren. Doch der freundliche Mitarbeiter von Camping Sierra Nevada beruhigte uns und organisierte Karten für den kommenden Tag.

So machten wir uns am nächsten Morgen auf zur Alhambra. Bezaubernd! Ein wirkliches Glanzstück und Höhepunkt islamischer Architektur in Europa. Man kann sehen, wie versucht worden ist, die Natur so weit wie möglich in die Gebäude mit einzubeziehen. Detailreich verzierte Wände; Kaligrafien, die sich kunstvoll über die Wände ziehen; Stalaktiten, die von den Kuppeln herunterhängen; Decken, die dem Betrachter wie ein Sternenhimmel erscheinen; und Quellflüsse, die aus dem Inneren der Gebäude kommend, sich auf dem Hof vereinigen. Sprachlos staunend liefen wir durch die Anlage.

Aber dann kam Karl, ich denke, in Analogie zu Karl dem Großen, kann man bei ihm zurecht auch von „Karl dem Kleinen" sprechen. Karl war spanischer König und

Kaiser des Heiligen Römischen Reiches. Zusammen mit den neuentdeckten Gebieten in Süd- und Mittelamerika regierte er ein riesiges Reich. Doch armer Karl, vielleicht war das alles einfach zu viel für dich? Was ist dir wohl durch den Kopf gegangen, als du dieses Schmuckstück erblickt hast? Wie müssen all diese Herrlichkeiten dich getroffen haben! Hast du geglaubt, du müsstest beweisen, dass der christlichste aller Herrscher zu ähnlichen architektonischen Großleistungen fähig ist wie die islamischen in den fast 800 Jahren ihrer Herrschaft über die iberische Halbinsel zuvor? Ach hätten deine Berater doch den Mut besessen, dir zu widersprechen, dir zu sagen, dass reine Größe und schiere Kraftprotzerei niemals gegen Feinsinnigkeit und Anmut werden bestehen können. Dein Versuch war doch von vornherein zum Scheitern verurteilt - und er scheiterte kläglich.

Wie ein tumber Klotz steht dein Palast mitten auf der Alhambra. Gegen die Vielfalt geometrischer Formen setztest du Kreis und Quadrat. Natürlicher Vielfalt und Unregelmäßigkeit stehen Gleichmaß und Ordnung gegenüber. Dir kann nicht klar gewesen sein, wer dabei verlieren würde! Ich weiß, es hätte schlimmer kommen können: du hättest die Burg schleifen und ganz neu wiederaufbauen lassen können. So hat dein Bau nur einen Teil der bestehenden Palastanlage zerstört hat - dafür sei dir Dank gezollt. Doch was du zerstört, ist unwiederbringlich dahin. Religiöser Fundamentalismus in der Architektur. Das, mein Karl, bleibt dein Verschulden.

Dancing Queen in der Alhambra

Begrüßung auf Spanisch

Natürlich war uns klar, dass sich unsere Reise herumsprechen würde - wir wollten sie ja auch nie verheimlichen. Doch dass wir noch im Süden Europas derart begeistert würden begrüßt werden, haben wir uns zu keiner Zeit vorstellen mögen. Waren es im Süden Frankreichs noch junge, tanzende und meist leicht bekleidete Frauen, die uns, offenbar in Kenntnis unserer Durchfahrt, freudig zuwinkten, hat sich die Gemeinde Córdoba nun wirklich etwas ganz Besonderes einfallen lassen. Mit großen Schildern wurden alle Einwohner und alle Touristen auf unsere Anwesenheit hingewiesen. Deutlicher und schöner kann man seiner Gastfreundlichkeit nicht Ausdruck verleihen!

Vielen Dank an Córdoba, wir haben uns sehr wohl gefühlt.

Córdoba - schön ist das nicht

Von Granada nach Córdoba - vorbei an endlos sich erstreckenden Olivenplantagen - und dann das gleiche Spiel wie in Granada. Mensch Karl, Alter, dass du dich nicht schämst! Dort ein Profan- und hier ein Sakralbau! Kaputtgebaut! Doch der Reihe nach.

Wir fuhren mit dem Linienbus in die Stadt und schlenderten - vorbei an den Bluesmusikern Cristóbal Oteros und Pablo Carrascal, die am südlichen Ende der Avenida del Gran Capitán beschattet unter Bäumen saßen und uns mit ihrer mitreißend gespielten Musik für einige Zeit gefangen nahmen - durch die Fußgängerzone. Die war nett, aber eigentlich nicht so etwas Besonderes. Geschäfte halt, wie in allen Großstädten. Am Plaza de las Tendillas wendeten wir uns nach rechts, weshalb auch immer - irgendwie sah diese Richtung netter aus als die anderen - und gelangten so in die Judería, das alte Judenviertel von Córdoba. Diese jüdischen Viertel, von denen sich in Spanien und Portugal mehrere bis heute erhalten haben, waren im 16. Jahrhundert entstanden und sollten die jüdische und arabische von der christlichen Bevölkerung isolieren. Deshalb umgaben sie meist hohe Mauern, deren Tore abends geschlossen wurden. Oftmals wurde zusätzlich angeordnet, dass sich die Juden außerhalb der Judería nur mit entsprechender Kennzeichnung aufhalten durften. Uns kommt das alles seltsam bekannt vor! Trotzdem gehört die Judería heute zum UNESCO-Weltkulturerbe und ist mit ihren zahlreichen kleinen Gässchen und wunderschönen blumengeschmückten Innenhöfen das wahrscheinlich zauberhafteste Viertel von Córdoba

Wir durchstreiften ziellos die zahlreichen Gassen, wendeten und das eine Mal nach rechts, das andere nach links, je nachdem, wo es uns sehenswerter erschien, und landeten am Ende vor den Mauern der gigantischen Mezquita, in der der Besucher zunächst mit einem großangelegten Vorhof empfangen wird. In der Gebetshalle wird man überwältigt von einer gigantischen Reihe doppelter hufeisenförmiger Bögen, die sich scheinbar ins Unendliche fortsetzen.

Doch dann kam Karl! Tut mir leid, ich wäre gern milder, aber angesichts eines derartigen architektonischen Frevels will mir das einfach nicht gelingen. Und es ist dasselbe Spiel wie in Granada. Inmitten dieser einzigartigen Gebetshalle steht der Besucher unvermittelt vor den massiven Säulen und Mauern einer Kirche im Stil der Renaissance. Karl ließ im 16. Jahrhundert, gegen den Widerstand des Stadtrates von Córdoba, die Mezquita entkernen und mitten hinein eine Kathedrale errichten. Sicher, die Kathedrale ist nicht so ein tumber Klotz wie sein Palast auf der Alhambra, an anderer Stelle wüsste man sie sicher entsprechend zu würdigen, aber sie zerstört - und das ist ja wohl ihre Absicht - die architektonische Großartigkeit der Moschee, verkleinert sie künstlich und begrenzt damit den schier endlosen Säulenwald als Sinnbild der Unendlichkeit.

Dieser Eindruck bestätigte sich auch beim Blick von außen. Wir waren eine ganze Weile durch die Stadt gelaufen und gelangten schließlich zur römischen Brücke, der Puente Romano, mit dem Festungsturm Torre de la Calahorra auf der anderen Seite des Guadalquivir.

Von dieser Seite des Flusses hat man einen schönen Blick auf die Stadt. Doch beim Blick auf die Mezquita und die Kathedrale in ihrer Mitte hatte ich den Eindruck einer in der Mitte ihres Netzes auf Beute lauernden Spinne.

Ein Tag zu Hause in der Ferne

Zwei Rezepte gegen Heimweh: Setzt euch an den Straßenrand, nehmt eine Gitarre und singt den Blues: „I woke up this morning, far, far from home" (oder so ähnlich) - zugegeben: das hilft nicht wirklich gegen Heimweh, aber wenn der Gesang einigermaßen passabel ist und gelegentlich ein paar Leute vorbeigehen, hat man am Ende des Tages vielleicht das Geld für die Heimfahrt zusammen.

Oder geht zu IKEA und schlendert durch die Ausstellung. Auf einmal steht ihr in eurer Küche, könnt euch an euren Esstisch setzen und wenn ihr um die Ecke kommt, seht ihr plötzlich euer vertrautes Sofa, auf dem ihr es euch mit wohligem Schauer im Rücken gemütlich macht. Ihr müsst nur aufpassen, dass ihr euch in der Bettenausstellung keine der bereitliegenden Decken schnappt und euch mit schläfrigem Grunzen auf die Seite dreht. Denn mit den drei bis vier Worten Spanisch - ¡una cerveza grande por favor! (Großen Dank an Marvin für den Unterricht in Grundwissen Spanisch - ja, ich habe es gemerkt, es sind fünf Worte!) - werdet ihr es sehr schwer haben, der verständnislos herbeigeeilten Verkäuferin klarzumachen, was euch gerade hier ins Bett getrieben hat. Ansonsten garantiert IKEA einen Tag zu Hause in der Ferne.

Ronda, die Unglaubliche

Hemingway war hier, und Orson Welles, der hier auch begraben ist. Und Rilke schrieb hier im Januar 1913 die „Spanische Trilogie". Und jetzt eben wir.

Ronda ist der beeindruckendste Ort unserer bisherigen Reise. Die beiden Teile des Ortes - Altstadt und Neustadt - liegen auf zwei verschiedenen Seiten einer tiefen Schlucht und sind lediglich durch schmale Brücken miteinander verbunden. Und beide Seiten sind bis an den Rand des Felsens bebaut, sodass die Häuser im wahrsten Sinn des Wortes am Abgrund stehen. Und wo keine Häuser sind, kann man selbst - erschrocken - 120 Meter in die Tiefe blicken. Das Erstaunliche an Ronda sind eben nicht die Gebäude oder Plätze (die gibt es natürlich auch), das Unglaubliche ist die Natur, die diesen tiefen Graben gebildet hat, und die Menschen, die sich davon nicht haben schrecken lassen und den Ort trotz der Widrigkeiten bebaut haben.

Empfehlenswert ist der Campingplatz „El Sur": er war einer der schönsten, auf denen wir bisher waren, und man kann den Ort von dort aus gut zu Fuß erreichen. Zweiter Tipp: Zum Essen in die Mesón-Bar „Santa Maria". Besser und günstiger kann man nicht essen. Und die ökologisch angebauten Produkte, die dort verarbeitet werden, kann man anschließend im dazugehörigen Laden kaufen.

Europa am Ende (I)

Grüße vom südlichsten Punkt des europäischen Festlands. Hier ist Schluss mit Europa. Auf dem einen Foto sieht man im Hintergrund die afrikanische Küste, auf dem anderen links des Weges den Atlantik und rechts das Mittelmeer. Erstaunlich, wie unterschiedlich beide sind, obwohl sie nur ein schmaler Landstreifen trennt.

Meerblick

Wunderschöner Platz in der Nähe von Tarifa: Camping Torre de la Pena. Wir standen direkt am Meer mit großartigem Blick auf die Windsurfer und auf Afrika und genossen die Bilderbuch-Sonnenuntergänge am Abend.

Hitchcock in Spanien

Gerüchte kursierten schon lange, jetzt aber konnte überraschend der Nachweis geführt werden: bei Hitchcocks Meisterwerk „Die Vögel" handelt es sich offenbar um ein Plagiat! Jetzt veröffentlichte Standbilder zeigen deutliche Übereinstimmungen mit einem Film eines bislang noch unbekannten Regisseurs. Wie umfangreiche Analysen der Fotos ergaben, scheint dieser Film in der Nähe von Tarifa gedreht worden zu sein. Die Filmgeschichte wird, zumindest in Teilen, neu geschrieben werden müssen!

Der Barbier von Sevilla

Es war mal wieder soweit: die Haare mussten geschnitten werden. Nach der Prozedur blickte ich voller Zufriedenheit auf den Haufen mittelblonder Haare, der vor mir lag. Na, alter Junge, dachte ich wohlwollend bei mir, so alt bist du doch noch gar nicht. Hast doch noch gut Farbe in den Haaren. Ein wenig spöttisch erklärte die beste Ehefrau von allen - ich gebe zu: das habe ich bei Kishon geklaut - die meinen Blick wohl zu deuten wusste, sie habe vorhin dem Hund ein wenig das Fell geschoren, und wies auf ein kleines Büschel Haare, das etwas weiter entfernt lag. Jetzt ist auch der letzte Rest von Illusion endgültig verflogen.

The Fog

Die Algarve ist einzigartig, keine Frage! Aber mehr als die Landschaft, die das Meer unvergleichlich geformt hat, fasziniert uns das Wetter. Die Luftfeuchtigkeit ist hier so hoch, dass unsere Handtücher, am Abend leicht feucht vom Abtrocknen der Kinder, am Morgen vor Nässe tropfen. Und abends ab 8 Uhr kann man nicht mehr draußen sitzen, weil man ständig gezwungen ist, seinen Stuhl und den Tisch trocken zu wischen. Und am Nachmittag gibt es ein einzigartiges Naturschauspiel: dann hängt der Nebel derart in den Bäumen, dass wir dachten, wir seien mitten in die Dreharbeiten zu „The Fog - der Nebel des Grauens" geraten.

Horizonterweiterung

Liebes Internet, du hast viele Vorzüge, aber eines habe ich noch nicht verstehen können: weshalb erhalte ich von dir, wenn ich etwas bestellt, gehört, gelesen oder gesehen habe, immer nur gleichartige Vorschläge oder Ratschläge wie: „Hörer, die das gehört haben, hörten auch ..." oder: „Kunden, die diesen Artikel gekauft haben, kauften auch ..."? Wie soll ich meinen Horizont erweitern, wenn deine Vorschläge immer so eindimensional sind. Wie schön wären dagegen Formulierungen wie: „Hörer, die dieses Stück auch gehört haben, hörten bisher noch nie ... Willst du es nicht mal versuchen?" oder: „Kunden, die diesen Artikel gekauft haben, kauften noch nie ... Aber vielleicht wär das was für dich?" oder: „keiner unserer Kunden, die diesen Urlaub gebucht haben, war bisher in ..." Wär das nicht mal eine Idee?

Lotte aus Berlin

Unsere Kinder hatten es auf dieser Reise wahrlich nicht leicht. Trafen sie in England noch auf Kinder ihres Alters zum Spielen, verringerte sich deren Zahl mit zunehmender Dauer der Reise stetig. Ab Mitte September - die Schule hatte in allen Ländern wieder angefangen - waren wir oft die jüngsten Camper auf den Plätzen. Daher waren sie über jedes Kind froh, auf das sie auf einem Campingplatz trafen.

Lotte trafen wir in Sevilla. Wir waren kaum angekommen, da sauste sie schon mit dem Fahrrad an unserem Wohnmobil vorbei - ihr ging es sicher nicht anders als unseren Kindern. Kaum war Lotte um die Ecke hörte ich schon die Frage: „Papa, kannst du uns die Räder geben?" Wissend, dass Einwände wie „Lasst mich erstmal das Wohnmobil fertigmachen, dann geb ich euch die Räder" zwecklos waren, unterbrach ich alle Arbeiten. Keine drei Minuten später sausten auch sie mit ihren Rädern über den Platz - und wenig später kamen sie zu dritt an uns vorbei. An diesem Nachmittag hatten wir kinderfrei!

Auch am kommenden Tag, nach unserer Besichtigung von Sevilla, war Lotte wieder da. Zur Freude unserer Kinder. Kaum zurück waren die drei wieder unterwegs. Aber Lottes Eltern packten bereits den kleinen VW-Bus für die

Abreise am nächsten Tag - und auch wir wollten ja weiter. Daher erklärten wir den Kindern, dass sie sich von Lotte verabschieden sollten.

Wir fuhren an die Algarve, auf einen Platz in der Nähe von Lagos - ein großartiger Platz mit großem Schwimmbad, mehreren Spielplätzen und eigenen Sanitäranlagen für Kinder. Tyra kam am nächsten Morgen und fragte: „Wo ist Lotte?" Ich erklärte ihr, dass Lotte doch weitergefahren sei, vielleicht sei sie schon auf dem Weg nach Hause. Sie bestand aber darauf, dass sie Lotte hier auf dem Platz gesehen habe. Ich versuchte ihr zu erklären, dass vielleicht ein Mädchen ähnlich ausgesehen habe, doch tatsächlich ging Lotte wenig später mit ihrem Opa an unserem Platz vorbei. Natürlich war die Freude groß. Wir genossen den Platz und blieben fünf Tage - solange hatten wir noch nie auf einem Platz verbracht. Und die Kinder freuten sich, wieder jemanden zum Spielen zu haben. Schließlich aber zog es uns weiter - wir wollten nach Lissabon.

Dort angekommen, ging ich zunächst unser Geschirr spülen. Auf dem Weg zurück zum Wohnmobil sah ich ihn und konnte es kaum glauben: Da stand doch der kleine VW-Bus, den wir schon in Sevilla gesehen hatten. Tatsächlich: auch Lotte, ihr kleiner Bruder Hannes und ihre Eltern hatten sich am selben Tag wie wir auf den Weg nach Lissabon gemacht - und sich dabei für denselben Campingplatz entschieden.

Dann allerdings trennten sich unsere Wege: wir wollten weiter nach Norden, zum Cabo da Roca, sie wollten über Barcelona weiter in die Schweiz. Wir empfahlen ihnen den Platz in Mataró, den mit dem Esel und dem kostenlosen Shuttleservice nach Barcelona. Und dann fiel mir ein, dass wir dort bei unserer Abreise einen Gutschein für einen kommenden Besuch des Platzes erhalten hatten. Wir hatten vor unserer Abreise selbst so einen Gutschein von unserem Campingnachbarn erhalten und damit einen Nachlass von 10 Prozent auf die Platzgebühren gewährt bekommen. Jetzt konnten wir unseren Gutschein weitergeben! Ich war froh, dass ich ihn nicht - nicht ganz unwahrscheinlich bei mir - entsorgt hatte.

Wir werden Lotte sicher nie wiedersehen, aber - auch wenn sie es nicht weiß - sie wird immer Teil unserer Erinnerungen an diese Reise sein.

Eine Hauptstadt mit dem Charme der Vergänglichkeit

Zunächst hatte ich an einen gravierenden Navigationsfehler geglaubt und wähnte uns irgendwo zwischen San Francisco und Rio de Janeiro. Doch die „Golden Gate Bridge" stellte sich als „Ponte 25 de Abril" und der vermeintliche „Cristo Redentor" als „Cristo Rei" heraus.

Kleine Notiz am Rande: tatsächlich ist der „Cristo Redentor" in Rio de Janeiro Vorbild für den „Cristo Rei" in Lissabon gewesen. Und die Statue ist mit 28 Metern auch nur unwesentlich kleiner als ihr Vorbild. Interessant ist die Vorbildfunktion auch deshalb, weil mit dem Bau der

Christusstatue in Rio de Janeiro im Jahre 1922 an den Beginn der Unabhängigkeit Brasiliens von Portugal 100 Jahre zuvor erinnert werden sollte.

Dass Lissabon anders ist, merkt man schnell. Während sich Hauptstädte gern immer wieder selbst erneuern und alte Fassaden gegen neue oder auch alte Gebäude gegen neue tauschen, finden sich hier keine Hochglanzfassaden oder moderne Gebäude. Die Stadt versprüht einen sehr eigenen Charme, wie wir ihn sonst nirgendwo gefunden haben. Ich würde sagen, es ist der Charme der Vergänglichkeit. Man könnte auch morbide sagen. Oder zugeben, dass manches Gebäude zusehends verfällt. Ein Großteil der Wohnungen scheint, wenn auch nicht unbewohnt, so doch eigentlich unbewohnbar.

Wir zogen durch den Triumphbogen auf dem Praça do Comércio zur Kathedrale, ...

... die sich wie eine Trutzburg aus den umliegenden Häusern erhebt, und durch die engen labyrinthisch angelegten Gassen des Altstadtviertels Alfama - trotz seines Verfalls für uns das interessanteste Viertel Lissabons, weil man durch die Enge selbst als außenstehender Tourist das Gefühl bekommt, irgendwie dazuzugehören, da man am Leben der Einwohner unmittelbar teilnehmen muss, ob man will oder nicht: man blickt durch die geöffneten Fenster in die Wohnungen, hört die Gespräche, die dort geführt werden (auch wenn wir sie natürlich nicht verstanden haben), riecht das Essen, das demnächst auf den Tisch kommen wird, und läuft unter der frisch gewaschenen und zum Trocknen aus dem Fenster gehängten Wäsche hindurch - den steilen Weg hinauf zum Castelo de São Jorge.

Das Castelo thront mächtig über der Alfama und von oben hat man einen großartigen Ausblick über die Stadt und den Tejo.

Aber Achtung mit kleinen Kindern: sichere Gitter an Brüstungen gehören in Portugal nicht zum Standard. Daher mussten unsere zwei - natürlich unter Protest - immer an einer Hand laufen. Müde vom vielen Umherlaufen und vom anstrengenden Anstieg auf das Castelo setzten wir uns in das Burgcafé. Trotz seiner nicht gerade günstigen Preise, ist das Café zu empfehlen, nicht wegen der besonderen Qualität seines Kaffees oder dem ungewöhnlichen Angebot an Speisen, sondern wegen eines einzigartigen Spektakels: rund um das Café und in den Bäumen über den Tischen sitzen zahlreiche Pfauen.

Unser Weg nach unten war weniger beschwerlich: wir fanden einen Fahrstuhl, der uns in der Unterstadt Baixa absetzte. Unser Ziel war ein freistehender Fahrstuhl, den wir von der Burg aus gesehen hatten: der Elevador de Santa Justa, wegen des naheliegenden, beim großen Erdbeben 1755 zerstörten Convento do Carmo auch als Elevador do Carmo bezeichnet. Doch die Schlange vor den Aufzügen zum höhergelegenen Altstadtviertel Chiado oder der Aussichtsplattform war derartig lang, dass wir davon Abstand nahmen.

Auch von einer weiteren Sehenswürdigkeit Lissabons mussten wir Abstand nehmen, weil die Schlange einfach zu lang war. Wir hatten mit einer der herrlich alten Straßenbahnen, den „Eléctricos" fahren wollen und reihten uns zunächst mutig in die Schlange. Kurze Zeit später kam die erste Bahn auch schon und wir begannen innerlich zu zählen, auf wie viele Bahnen wir wohl warten müssten, bis wir an der Reihe wären. Doch wir hatten einen Fehler in unserer Rechnung: wir waren davon ausgegangen, dass eine größere Zahl von Menschen die Eléctrico verlassen würde, doch es waren gerade einmal zwei. Wir verließen Lissabon ohne eine Fahrt mit der Eléctrico, aber mit dem guten Gefühl, den besonderen Charme dieser Hauptstadt kennengelernt zu haben.

Europa am Ende (II)

38 ° 47 Nord, 9 ° 30 West; wer jetzt noch einen Schritt weitergeht, stürzt unweigerlich 140 Meter in die Tiefe, noch ein Schritt weiter und das Festland geht in die scheinbare Unendlichkeit des Atlantischen Ozeans über, der sich vor uns über den gesamten Horizont ausbreitet.

Cabo da Roca ist das westliche Ende Europas, das nächste Festland ist Amerika. Nichts als Wasser liegt vor uns. Unglaublich, dass Menschen den Mut hatten, in diese unbekannte Weite zu fahren.

Kein Eis in Sintra

Den schlechtesten Service bekamen wir in Sintra. Auf dem Weg dorthin, vorbei am Palácio Nacional da Pena, dem „Neuschwanstein Portugals", mussten wir uns durch die Orkanzone des vergangenen Abends kämpfen, die aber glücklicherweise notdürftig freigeräumt war.

Sintra ist eine malerische Kleinstadt von knapp 10.000 Einwohnern und man sieht dem Ort auch heute noch seine Anziehungskraft auf die künstlerisch-intellektuelle Elite des 19. Jahrhunderts an.

Auf dem Praça República setzten wir uns ins Café Paris - und warteten! Zunächst warteten wir auf eine Bedienung, dann auf das bestellte Eis, schließlich mussten wir noch reklamieren, dass wir nicht ein, sondern zwei Eis bestellt hatten - Fyn wartete auf seines vergeblich. Am Ende warteten wir auf die Rechnung. Wir verließen das Lokal und entschädigten uns im Eiscafé gegenüber.

Platt

Nun ist es passiert! Die Hoffnung, mit dem geflickten Reifen bis nach Hause zu kommen, hat sich nicht erfüllt. Wir hatten vor einem Campingplatz übernachtet, da wir erst weit nach Mitternacht angekommen waren, und beim Einfahren am Morgen musste ich feststellen, dass der Reifen nun völlig ohne Luft war. Alle Versuche den Reifen selbst zu wechseln schlugen fehl - merke: normale Wagenheber sind für Wohnmobile viel zu klein!

Eduardo Gutiérrez, der Geschäftsführer von El Astral, dem Campingplatz von Tordesillas, war rührend darum bemüht, einen Reifenservice zu finden, der den Reifen vor Ort auswechseln konnte. Nach einer Stunde hatten wir schließlich einen neuen Reifen und konnten unser Mobil endlich auf dem Campingplatz abstellen.

Hier lernten wir Derek aus England kennen, der nach dem Tod seiner Frau England verlassen und sich hier auf dem Campingplatz niedergelassen hatte. Er dachte darüber nach, ob er überhaupt nach England zurückkehren sollte. Derek war liebevoll, hilfsbereit und s e h r gesprächig!

Tordesillas oder die Teilung der Welt

Tordesillas war eigentlich nicht eingeplant. Wir waren auf der Suche nach einer Übernachtungsmöglichkeit auf dem Weg von Portugal an die Biskaya. Die Bilder im Campingführer sahen gut aus und wir hatten entschieden. Erst bei der Eingabe des Ortes in das Navi begann ich zu überlegen: der Name kam mir bekannt vor. Waren wir hier schon einmal gewesen? Nein, das konnte nicht sein. Tordesillas, Tordesillas, ich hatte das aber schon mal gehört. Und plötzlich stand es mir vor Augen: der Vertrag von Tordesillas! Natürlich!

Spannend, dem Ort zu begegnen, in dem der Vertrag ausgehandelt wurde, den ich im Unterricht behandelt hatte. Und was für ein Vertrag: der Papst (der von 1494 war ein etwas anderer als der heutige Papst Franziskus! Alexander VI. hieß vor seiner Wahl Rodrigo Borgia - er entstammte also der machtbesessenen und intriganten Familie der Borgia und war damit Spanier) maßte sich an, die Welt in zwei Teile - einen spanischen und einen portugiesischen - teilen zu dürfen. Dieser Vertrag zeigt die Überheblichkeit einer mit einem Alleinvertretungsanspruch handelnden Kirche, die aus diesem Anspruch ihre Pflicht zur Missionierung und das Besitzrecht an der gesamten Erde abzuleiten können glaubte. Der Vertrag fixierte eine Linie, die knapp 1800 Kilometer westlich der Kapverdischen Inseln von Pol zu Pol verlief. Dass die Portugiesen in den Verhandlungen so nachdrücklich auf diesem Längengrad bestanden - und damit die Demarkationslinie eines Vorvertrages um etwa 1300 Kilometer nach Westen verschoben - gibt bis heute Anlass zu Spekulationen darüber, ob Ihnen die brasilianische Küste zu diesem Zeitpunkt bereits bekannt gewesen sein könnte. Auf jeden Fall ermöglichte der Vertrag Portugal die spätere Kolonisation Brasiliens. Mit diesem Vertrag behielt Portugal die alleinige Kontrolle über den Seeweg nach Indien entlang der afrikanischen Küste und Spanien die über den kurz zuvor entdeckten amerikanischen Kontinent, den die Spanier zu diesem Zeitpunkt allerdings noch für Indien hielten.

Für den Papst stellte sich die Argumentation relativ simpel dar: Gott erschuf die Welt, also gehört sie ihm. Diesen Besitz hat er Petrus als seinem Stellvertreter übertragen. Als derzeitigem Nachfolger Petri sei dieser Besitz nun auf Alexander übergegangen, weshalb der diesen Besitz weiter verteilen könne. Wasserdicht argumentiert! Wer sollte dagegen etwas einwenden können, außer vielleicht den betroffenen Menschen, die in diesem Vertrag gar nicht berücksichtigt worden sind, die es in diesem Vertrag überhaupt nicht gibt. Oder außer vielleicht anderen aufstrebenden Mächten, die quasi für alle Zeiten leer ausgehen. Oder vielleicht außer den anderen Religionen mit Alleinvertretungsanspruch. Aber das sind ja nicht viele. So also gab es nun einen spanischen und einen portugiesischen Teil der Welt. Und sonst gar nichts! Soweit haben es heute noch nicht einmal die USA gebracht!

Heute ist Tordesillas ein kleines verschlafenes Provinzstädtchen mit knapp 9.000 Einwohnern, das nur noch wegen seiner alljährlich stattfindenden besonders grausamen Stierhatz in die Schlagzeilen gerät.

Lourdes - eine Frage des Glaubens

Lourdes ist eine Pilgerstadt, das merkt man, sobald man durch die Stadt fährt, an jeder Stelle des Ortes. Hotels und Pensionen zur Beherbergung der Pilger in jeder Straße und Marienfiguren und Devotionalien, wohin man blickt.

Was mir zuerst auffällt sind die an jeder Ecke - das ist keine übertreibende Floskel! - erhältlichen Marien- und Christusfiguren. Gemalt auf Leinwand, gedruckt auf Postkarten, als Figur aus Porzellan, aus Glas und - meist - aus Plastik. Für mich ist das eine völlig fremde Welt: hier kann ich mir eine Plastikmaria kaufen, die oben einen Verschluss hat, damit ich mir Lourdeswasser einfüllen und mitnehmen kann. Ich lache darüber, aber für die meisten Menschen, die wir hier sehen, ist das eine religiöse Zeremonie, eine heilige Aufgabe - und mein Lachen bleibt mir im Hals stecken. Soll ich über diese Menschen urteilen, die hierherkommen, weil ihnen niemand anderes mehr Hoffnung geben kann. Menschen, die all ihr Vertrauen, ihre Zuversicht - und oftmals wohl auch ihr Geld - in Maria und in diesen Ort Lourdes setzen. Ich werde unsicher, wie ich darüber urteilen soll, wenn ich Menschen in zerschlissenen Kleidern in Kreuzform auf dem Boden liegen oder barfuß und auf Knien durch die Kirche zum Altar rutschen sehe.

Diesen Menschen bedeutet das, was all die Außenstehenden, die Touristen darüber denken, nichts. Sie erhoffen sich Heilung oder zumindest Linderung - und niemand anderes kann ihnen die versprechen, sonst wären sie nicht hier, hätten nicht den oftmals weiten Weg auf sich genommen. Sie kommen von allen Kontinenten - man hört das an dem babylonischen Sprachgewirr, das einen umgibt, wenn man durch die Menschenmengen geht.

Ich merke bald: es gibt zwei Arten von Menschen hier in Lourdes - die Pilger und die Touristen. Und beide passen nicht so recht zusammen. Wir - die Touristen - sind die Voyeure des Elends und der Not. Wir sollten nicht hier sein und bestaunen, was für die Pilger eine Hoffnung in ihrer Verzweiflung bedeutet.

Aber es gibt noch eine dritte Gruppe hier, eine Gruppe, die schlimmer ist als die Touristen: das sind diejenigen, die mit der Hoffnung der Notleidenden Geschäfte treiben. Es sind die Devotionalienverkäufer, die ihre Plastikmarias zu übertuerten Preisen verkaufen und den Hoffnungsuchenden damit ein Versprechen anbieten, das sie nicht einzulösen vermögen. Aber auch diejenigen, die Spenden annehmen, auch wenn die Spender sich dafür verschulden mussten.

Für mich als Außenstehenden ist Lourdes eine zweifelhafte Angelegenheit, die noch lange Zeit in mir nacharbeitet und über die ich noch Wochen nach unserem Besuch nachdenke - für die Pilger ist Lourdes eine Frage des Glaubens.

Der Soundtrack zur Reise

Musik hat uns auf unserer Reise natürlich immer wieder begleitet. Manchmal aber war es keine auf Tonträgern konservierte Musik, sondern Musiker, die wir während unserer Reise getroffen und denen wir zugehört haben und die dadurch so etwas wie den Soundtrack zu unserer Reise geliefert haben.

Livemusik begegnete uns zum ersten Mal am Tag unserer Überfahrt nach England. Da wir recht früh aufgebrochen waren, legten wir eine kurze Pause am Blanc Nez ein, um die Aussicht auf die englische Küste zu genießen. Am Obelisken stand eine junge Frau mit einem Dudelsack und spielte „Scotland the brave". Während wir es vor allem als sehr laut empfanden, war Fyn begeistert und besah sich ihr Spiel sehr genau. Er sah ihr so aufmerksam auf die Finger, dass es mich nicht überrascht hätte, wenn er sich bei ihr den korrekten Fingersatz angesehen hätte.

Der nächste Straßenmusiker hat uns überrascht - er spielte an einem Ort, an dem wir nicht mit Straßenmusikern gerechnet hatten, und er spielte auf einem Instrument, das eigentlich zur Straßenmusik nicht unbedingt tauglich erscheint. Und so hatten wir auf unserem Gang durch York auch zunächst geglaubt, die Musik käme aus einer Bar. Aus der Ferne zog - wie ein Duft aus der Küche eines Restaurants - ein sattsam bekannter, fünfmal wiederholter Quint-Sext-Akkord zu uns und wir beschlossen ihm und den folgenden Akkorden zu folgen. Ein akustisches Amuse-Gueule - ist das dann ein Amuse-Oreille? - das ein großartiges Stück Musik ankündigte. Ein paar Gassen weiter hatte sich das Stück entwickelt und stand in voller Größe vor uns. Mitten auf dem Platz vor dem Minster von York saß Karl auf einem alten Hocker mit rotem Kissen vor seinem rollbaren roten Klavier, dessen Front er entfernt hatte, sodass sich die Hämmer sichtbar vor den Saiten bewegten.

Und er spielte so, wie Paul Hindemith es 1922 für seinen Ragtime gefordert hatte: „Nimm keine Rücksichten auf das, was Du in der Klavierstunde gelernt hast. Überlege nicht lange, ob Du *Dis* mit dem vierten oder sechsten

Finger anschlagen mußt. Spiele dieses Stück sehr wild, aber stets sehr stramm im Rhythmus, wie eine Maschine. Betrachte hier das Klavier als eine interessante Art Schlagzeug und handle dementsprechend." Karl Mullen schlug sein Instrument und rockte den Platz. Wie zahlreiche andere Passanten zog er auch uns mit „Bohemian Rhapsody" von Queen in den Bann.

Und dann geschah etwas, das sich bei allen folgenden Begegnungen mit Musikern wiederholen sollte. Während Tyra schon mit anderen Kindern auf den Stufen zum Minster herumturnte, beobachtete Fyn, zunächst verhalten und mit Abstand, den Pianisten und näherte sich - vorsichtig, aber unaufhaltsam - dem Klavier. Und als Karl zu „Billie Jean" überging, war unser Kleiner neben ihm angekommen und wippte im Takt mit dem Fuß.

Dies ließ die Zuhörer zu ihren Fotoapparaten greifen und Fyn dürfte sich im Fotoalbum manches Touristen wiederfinden. Was Karl und Fyn in der Pause nach „Billie Jean" besprachen, weiß ich nicht. Sie unterhielten sich aber ganz prächtig: Fyn auf Nicht-Englisch und Karl auf Nicht-Deutsch. Wir hatten Mühe, Fyn davon zu überzeugen, dass wir weiterwollten, um uns noch ein wenig in York umzusehen. Während wir weitere Sehenswürdigkeiten besichtigen wollten, hatte er seine Hörenswürdigkeit bereits gefunden.

Mehr als 3000 Kilometer später hatten wir Barcelona erreicht. Nach einer Sightseeing-Tour schlenderten wir über die Rambla, tranken Café auf dem Placa Reial und genossen die engen, labyrinthischen Gassen des Barri Gòtic. Auf diesem Weg gelangten wir schließlich zur Kathedrale. Überall rund um die Kathedrale spielten und sangen Musikerinnen und Musiker, doch eine Gruppe fiel uns besonders ins Ohr: vor den Stufen zur Kathedrale spielten die New Orleans Pussycats: Pepe Robles am Kornett, Mikhail Ulianovsky am Klavier - schon wieder ein Klavier zur Straßenmusik - und Mikhail Violin (ob das ein Künstlername ist, weiß ich nicht) am Banjo. Mitreißend gespielt und mit einem Gesang von Mikhail Violin, der klang wie aus einem Lautsprecher, dem die Bass-Töner fehlten. Sehr authentisch! Schnell löste Fyn sich aus seinem Buggy und lief zu den Stufen, um zuzuhören. Er setzte sich dort neben Felix, einen spastisch gelähmten Jungen, der nur wenig älter war als er. Seine Mutter erzählte, dass sie regelmäßig mit ihrem Sohn hierherkomme, weil er die Musik so liebe. So hatten Fyn und Felix außer ihrem Anfangsbuchstaben eine weitere Gemeinsamkeit. Als wir nach langem Zuhören gehen mussten, umarmten sich beide, als würden sie sich schon Jahre kennen.

Noch einmal etwa 1000 Kilometer später, wir waren mittlerweile in Granada angekommen, hörten wir ungewohnte Klänge. Sehr ungewohnte Klänge. Das Hang ist ein ziemlich neues Instrument, von dem man kaum glaubt, dass es etwa um das Jahr 2000 in der Schweiz entwickelt worden ist, da es viel stärker nach Karibik klingt. Mit flinken Händen spielte Ruben Llorach das Instrument - mit kraftvollen Ostinati und zarten Melodien. Grund genug für uns, uns zu setzen und ihm eine Weile zuzuhören.

Cristóbal Oteros und Pablo Carrascal brachten den Blues nach Cordoba. Ihr „Kansas City here I come" zog weit über den Platz und der Song stampfte und rollte wie einst bei Muddy Waters oder Fats Domino. Nur mit Gitarre und Mundharmonika gespielt war die Musik so genial, dass wir uns ihre CD „Blues del Guadalssissippi" mitgenommen haben. Wir waren so hingerissen von ihrer Spielfreude, dass wir glatt vergessen haben, ein Foto zu machen.

In Ronda trafen wir auf Eugen, der auf der Plaza María Auxiliadora Gitarre spielte. Er war allerdings weniger begeistert von Fyns Annäherungsversuchen und legte bald eine Pause ein. Wahrscheinlich war er es nicht gewohnt, dass seine Zuhörer so dicht vor ihm stehen und ihm so genau auf die Finger schauen - so etwas würde mich auch nervös machen - oder vielleicht hatte er die Befürchtung, dass die Zuhörer mit den Geldspenden in den Hosentaschen ob des Kindes vorbeiziehen würden, ohne ihre Taschen entleert zu haben. Wer weiß das schon? Wir jedenfalls warteten nicht auf das nächste Set, sondern zogen weiter.

In Tarifa hörten wir ungewöhnlich instrumentierten Swing in einer Parklücke zwischen zwei Autos. Die Gruppe „Mar Negra" besteht nur aus zwei Personen: Judith Villareal (Gesang und Ukulele) und Pablo Ohyanarte (sechsaitiger Bass). Ihre Musik war eine sehr bunte Mischung aus Swing-Stücken, Popsongs und spanischer Musik, die alle eines gemeinsam hatten: Sie machten einfach gute Laune und waren richtig gut gespielt.

Und schließlich wurden wir in Lagos von „Oye como va" überrascht. Auf dem Platz stand ein etwas in die Jahre gekommener portugiesischer „Carlos Santana". Mario Jorge spielte aber nicht nur Santana überraschend gut auf seiner Gitarre - sogar die Soli (!), sondern auch eine ganze Reihe weiterer Gitarren-Klassiker. Nur seine Stimme kam ein wenig schwach rüber und so erhielt er nicht die Aufmerksamkeit, die er eigentlich verdient gehabt hätte.

Dies war das Ende unseres Live-Soundtracks, denn je nördlicher wir kamen und je weiter wir im Kalenderjahr vorrückten, desto kälter wurden die Tage. Und so mussten wir bei unseren weiteren Stationen auf diese kleinen Open-Air-Konzerte verzichten. Schade eigentlich.

Seitensprünge

Wenn man die Beziehung zwischen einem Haus und seinen Bewohnern - und zweifellos gibt es eine Beziehung zwischen diesen beiden, jedenfalls war das bei uns der Fall: Unser Haus hatte eine langjährige Beziehung hinter sich und war nach längerer Trauerphase auf der Suche nach einer neuen, wir hatten uns mit unserer damaligen Beziehung ... sagen wir mal „auseinander gelebt" und eine Annonce gelesen, die uns sehr angesprochen hatte. Es war die berühmte „Liebe auf den ersten Blick". Bereits nach wenigen Treffen war uns klar: wir sagen „ja" zueinander. Nun also: wenn man die Beziehung zwischen einem Haus und seinen Bewohnern mit einer Ehe gleichsetzt, was wohl nur für den Fall zutrifft, wenn man nicht am Ort seiner Geburt geblieben ist, andernfalls ist die Beziehung, würde ich sagen, eher mit einer Familie zu vergleichen, in der man sich die Partner ja nicht aussuchen kann, was ist dann eine Reise anderes als ein Seitensprung? Sicher: oft kein sehr nachhaltiger, jedenfalls meist einer von nur sehr begrenzter Dauer. So kurz, dass das Haus vielleicht gar nichts davon mitbekam?
Wie musste man das aber in unserem Fall beurteilen? Wir waren ja nicht 2 Wochen fremdgegangen, bei uns waren es - bis jetzt - 3 Monate! Und wir wollten diese neue Beziehung ja auch nicht unbedingt beenden. Was aber würden

unser Haus und unsere Heimat davon halten? Würden sie uns noch so entgegenkommen wie vor der Reise? Würde unser Haus uns diesen Seitensprung verzeihen können? Würde unsere Beziehung von nun an belastet sein? Vielleicht wird nichts mehr so sein wie früher? Ich denke, wir sollten, wenigstens eine gute Weile, unserem Zuhause die gleiche Aufmerksamkeit zukommen lassen wie den vielen Städten und Gegenden, die wir in den letzten Wochen und Monaten gesehen und die uns verzaubert hatten. Das hat es, soviel ist gewiss, sicherlich verdient.

hin und zurück

Wieder zuhause. Ein merkwürdiges Gefühl - innerlich noch immer auf Reisen eingestellt, scheint außen herum plötzlich alles still zu stehen. Es ist schwer, sich von der Bewegung - hinter uns liegt immerhin eine Strecke von 12.000 km - auf Ruhe umzustellen. Aber am Ende wollten wir alle nach Hause. Uns so waren unsere letzten Strecken die längsten, die wir gefahren sind. Die Kinder sprachen plötzlich vermehrt von ihren Freunden, vom Kindergarten, vom Martinsumzug und von Weihnachtsvorbereitungen (auch in Spanien und Portugal hatten Weihnachtsartikel schon im Oktober Eingang in die Lebensmittelmärkte gefunden), und wir hatten das Gefühl, eine Pause von Besichtigungen immer neuer Städte und Landschaften zu brauchen. So sitzen wir nun also wieder zu Hause und denken über alles nach, was hinter uns liegt, und darüber, was Reisen eigentlich für uns bedeutet und was wir bei der kommenden Reise anders machen würden.

Und wir haben gelernt, wie schön nach so langer Zeit im Alkoven eine Nacht im eigenen Bett sein kann.

Teil II

152

Leben im Wohnmobil

Soleil Soleil

Orte, an denen wir waren

und dann auch noch:

Örtchen, auf denen wir waren

Achtung Hirsch!

in England

in Spanien

in Portugal

in Frankreich

Und dann auch noch dies

Teil III

164

On the Road again

An einer Stelle seines Buches „Slow Travel" zitiert Dan Kieran eine Stelle aus einem Buch des britischen Schriftstellers Bruce Chatwin, die mir sehr aus der Seele gesprochen hat. Chatwin war der Überzeugung, dass mit der evolutionären Entwicklung des Menschen zum aufrechten Gang dessen Nomadentum einhergegangen sei. Die spätere Sesshaftigkeit der Menschen sei demnach widernatürlich und habe zu einer Reihe von „Zivilisationskrankheiten" geführt, unter denen wir auch heute noch litten.

Natürlich ist Chatwins Theorie nicht unwidersprochen geblieben und man näherte sich ihm verkehrt, wollte man ihr einen streng wissenschaftlichen Anspruch unterstellen. Aber der Gedanke ist einfach spannend: das Sich-Fortbewegen-Wollen ist ein Teil unserer evolutionären Entwicklung, dieser Drang wohnt uns inne.

Das ist es, was ich fühle, wenn wir unterwegs sind: nicht das Ankommen, das Besichtigen oder das Innehalten und Verweilen auf einem Platz ist das, was mir Zufriedenheit verschafft, sondern das Fahren, das Leben „on the road". Es ist ohne jeden Zweifel an vielen Stellen unserer Reise sehr schön gewesen und es hat eine ganze Reihe großartiger Momente und Erlebnisse gegeben: ich denke dabei an unsere Streifzüge durch Granada, Ronda oder

York, an Stellplätze - wie den bei Tarifa: direkt am Meer und mit exklusivem Blick auf Afrika, oder den am Strand mit Blick auf Skye -, an die Tage mit der Familie - sei es in Ottersheim mit den Eltern oder mit Tochter, Schwiegersohn und Enkelkindern in Riumar, einem kleinen Urlaubsort zwischen Barcelona und Valencia. Und jetzt, wo ich anfange darüber nachzudenken, fallen mir zahlreiche weitere Erlebnisse ein, die als Bilder in meinem Kopf an mir vorüberziehen.

Doch das, was mir am meisten Zufriedenheit bereitet hat, was mich in meinem Innersten berührt und gepackt hat, was mich in einen unbekannten Zustand von Zeitlosigkeit versetzt hat, war das Unterwegs-Sein, das Fahren auf der Straße. Dieses Fahren hat mir neue Dimensionen eröffnet. Natürlich hatte ich vor Beginn dieser Reise Vorstellungen von einigen der Orte, die wir jetzt gesehen haben. Aber es waren isolierte, unvollständige Bilder. In meiner Jugend habe ich mich eine ganze Zeit lang sehr intensiv mit Architektur beschäftigt - und dabei habe ich auch Zeichnungen und Fotos von der Alhambra und der Mezquita gesehen. Natürlich hatte ich schon von Cambridge gehört und gelesen und eine Ahnung davon entwickelt, wie es dort aussehen könnte. Und „Highlander" hatte meine Vorstellung von Schottland geprägt.

Doch nun sah ich all dies mit eigenen Augen, fand Bilder bestätigt, musste Vorstellungen revidieren, hatte eigene und keine Fremdbilder mehr, aber vor allem: Bilder und Vorstellungen wurden ergänzt durch das, was um sie herum war. Ich sah nicht mehr isoliert die Alhambra, sondern die Gegend, die Stadt darum herum, sah die Wege dorthin, hatte in den kleinen Bussen gesessen, die die engen Gassen zur Alhambra hinauffahren, hatte die zahlreichen Beulen an den Fahrzeugen gesehen und erlebt, wie es sich anfühlt, wenn diese Busse auch engste Kurven mit unvermittelter Geschwindigkeit durchfuhren.

In mir war ein Netz entstanden, das Orte miteinander verbindet. Heute sehe ich Entfernungen vor mir, sehe die Straßen, die wir gefahren sind, und in mir sind Abbilder von Landschaften und Räumen in Europa entstanden - weil ich es er-fahren habe. Das hat das Fahren für mich so bedeutsam werden lassen. Für mich ist die Fortbewegung das Entscheidende dieser Reise und das lässt mich darüber nachdenken, wie künftige Reisen aussehen sollen. Denn diese Er-Fahrung hat mir gezeigt, dass Sehenswürdigkeiten nicht das Wichtigste einer Reise sind. Etwas, was es wert ist, betrachtet zu werden, gibt es überall. Das Wesentliche ist das Loslassen von Gewohntem: von Wohnung und Gewohnheiten. Man muss etwas aufgeben, um etwas Neues zu bekommen. Dieses Loslassen macht frei für das Unerwartete, das Neue, und das ist, was diese Reise für mich so wertvoll gemacht hat.

Chatwin formuliert es so: „Des Menschen wahre Heimat ist nicht das Haus, sondern der Weg, und das Leben selbst ist eine Reise, die zu Fuß zurückgelegt werden muss."

Fotos

Fotos sollen unsere Erinnerung an Ereignisse festhalten. Wir wollen unserem Gedächtnis ein Schnippchen schlagen, indem wir - sobald der Verlust einsetzt - die Fotos herausholen. Und wir glauben, dass das Foto dem Gedächtnis die Stütze gibt, die es benötigt, damit die Erinnerungen nicht allmählich verblassen und - im schlimmsten Fall - vollständig verschwinden.

Doch ich glaube, es ist umgekehrt. Dadurch dass wir so viel fotografieren, erinnern wir uns an die Fotos, aber nicht mehr an das, was wir wirklich erlebt haben. Die jederzeit verfügbare Stütze ermöglicht unserem Gedächtnis, sich in den vorzeitigen Ruhestand zu verabschieden. Statt dass es arbeitet und all die Eindrücke einer Reise, einer Besichtigung, eines Besuches abspeichert, legt es sich auf die faule Haut, macht es sich gemütlich und verweist, sobald wir protestieren, auf das Gerät, das um unseren Hals hängt und das vorgibt, alles zu dokumentieren, was wir erlebt und gesehen haben. Dabei stimmt das gar nicht.

Fotos zeigen einen Zustand, aber sie können nicht die Geschichte um diesen Zustand herum festhalten. Sie zeigen uns vor einem Gebäude, aber nicht, ob wir uns vorher fürchterlich gestritten haben. Sie zeigen nicht, wie wir an diesen Ort gekommen sind und wie wir ihn wieder verlassen haben. Und sie zeigen meistens gut gelaunte Menschen. Aber mal ehrlich: niemand kann während einer so langen Reise immer nur gut gelaunt sein. Doch selbst unsere Kinder haben es schon gelernt und setzen ein Lächeln auf, sobald sie eine Kamera bemerken. Oder sie bestehen darauf, dass alle ganz laut „cheeeeeese" sagen.

„Ja", sagen die anderen, „wir wollen unsere Bilder doch aber zeigen!" Mal ehrlich: wer interessiert sich wirklich für die geposteten Mittagessen bei Facebook? Und wer hat nicht schon eine Dia-Show über sich ergehen lassen müssen? Selten kann man dabei die Begeisterung der Gastgeber über ihre Fotos teilen. Während die sich auf die Schenkel klopfen und sagen: „ja, genau, und dann sind wir doch ...", bleibt mir verborgen, was die Fotografen vorher oder nachher erlebt haben. Ich sehe auch nur das abgebildete Gebäude, nicht, was rechts oder links davon ist.

Wir haben zuhause an einer Wand eine Weltkarte hängen, die auch Fotos von Sehenswürdigkeiten zeigt. Großartige Fotos, bei denen man denkt: „Mensch, das würde ich auch gern mal sehen!" Einige der abgebildeten Sehenswürdigkeiten haben wir jetzt gesehen. Aber wir haben auch festgestellt, dass die Fotos nur einen Ausschnitt zeigen - natürlich den schönsten Ausschnitt - nicht aber den Alltag dahinter. Die Fotos vermitteln eben nur Zustände, doch die Emotionen liegen im Gedächtnis derjenigen, die die Reise selbst erlebt haben. In Zukunft wollen wir weniger Fotos machen und mehr erleben!

Statistik

Dass, wer seinen Blog über Blogger veröffentlicht (ist ja ein Dienst von Google), regelmäßig in den USA gelesen wird, war ja zu erwarten. Das wird in der Statistik zu dieser Seite auch regelmäßig ausgewiesen: 13 Seitenzugriffe aus den USA in dieser Woche - schöne Grüße an die Jungs dort; ihr macht ja auch nur eure Arbeit. Seit Neuestem aber wird unser Blog auch in Russland regelmäßig verfolgt. Mit 15 Seitenzugriffen in dieser Woche liegt Russland sogar vor den USA. Was ist das? Überwachen die dort jetzt, ob die amerikanischen Jungs ihren Dienst richtigmachen? Wollen die auf dem gleichen Stand sein? Oder wer liest in Russland unseren Blog? Neulich jemand in Schweden und auch jemand in Rumänien. Also: liebe Grüße an euch alle, die ihr uns regelmäßig begleitet. Ich freue mich, dass die Berichte auch im Ausland einige Leser gefunden haben. Vielleicht schreibt ihr mal einen netten Kommentar und wir können uns austauschen?

Heute auch ein Seitenaufruf aus Spanien. Ich könnte mir vorstellen, wer das ist und sende ganz herzliche Grüße. Jetzt, wo ich anfange die Fotos zu sichten, hätte ich auch wieder Lust, dorthin zu fahren.

Statistik - ein Nachtrag

Es ist eigentlich nicht zu glauben, ich glaube es ja selbst kaum, doch tatsächlich ist es genau so: Seit der Veröffentlichung des Posts „Statistik" gibt es keine Leser aus den USA und Russland mehr! Hey! Jungs! Habt ihr wirklich mitgelesen und euch ist nicht aufgefallen, dass ihr dann in der Statistik auftaucht? Was ist los bei euch? Und jetzt? Lest ihr noch mit? Jetzt aber versteckt? Eigentlich fast ein bisschen schade. Irgendwie war ich ja auch stolz darauf, Leser aus den USA und Russland zu haben.

Statistik - und noch ein Nachtrag

Und schwupps - sind heute die USA wieder mit dabei. Ich fasse es nicht! Also: welcome back.

Täuschungen

Es kann eigentlich nicht sein! Es hat etwas Surreales an sich: vor Jahren wurde gern der amerikanische Dichter Carl Sandberg zitiert: stell dir vor, es ist Krieg und keiner geht hin. Heute ruft einer zum Krieg und alle wollen mitspielen!

Wir müssen uns dringend vergegenwärtigen, dass uns zuletzt immer Lügen aufgetischt worden sind, um Kriegsanlässe zu konstruieren und uns dazu zu bringen, Kriegen zuzustimmen, die wir eigentlich gar nicht führen wollen. Das Merkwürdigste daran ist aber, dass niemand im Nachhinein, wenn die Lügen ans Tageslicht gekommen sind, aufschreit und die Lügner zur Rechenschaft zieht. Und es scheint auch nicht zu stimmen, dass man dem, der einmal lügt, nicht mehr glaubt. Das Spiel mit der Lüge kaufen wir jedes Mal wieder ab. Niemand schert sich darum.

1990 überfiel der Irak sein Nachbarland Kuwait und um der US-amerikanischen Bevölkerung die Zustimmung zu einem militärischen Einsatz abzuringen, wurde erzählt, Saddams Soldaten hätten eine Entbindungsstation überfallen und die Babys auf grausame Art ermordet. Ich denke, die Älteren erinnern sich an diese Geschichte und auch an die Bilder, die in den Fernseh- und Zeitungsnachrichten zu sehen waren. Ein junges 15-jähriges Mädchen, Nayirah, berichtete vor dem Menschenrechtskomitee des US-Kongresses unter Tränen, dass sie als Hilfskrankenschwester in diesem Krankenhaus die Gräueltaten habe mitansehen müssen. Und natürlich war der amerikanischen Bevölkerung daraufhin klar, dass es nun kein Zurück mehr geben könne, dass nur der Einsatz von Soldaten diesen Barbaren Saddam Hussein stoppen könne. Die Operationen Desert Shield und Desert Storm stellten die territoriale Integrität Kuwaits wieder her. Doch der Anlass - die grausam getöteten Frühgeborenen - war eine Lüge! Schlimmer noch: er entstammte den kranken - kreativ kann man das ja wohl nicht nennen - Köpfen einer amerikanischen Werbeagentur. Die Agentur Hill & Knowlton hatte diese Geschichte für 10 Millionen US-Dollar im Auftrag der kuwaitischen Exilregierung erfunden. Natürlich hatte auch Nayirah nie in dem kuwaitischen Krankenhaus gearbeitet; auch wenn ihr kuwaitischer Name und ihr kuwaitisches Aussehen auf einer entsprechenden Herkunft beruhten: sie war die Tochter des kuwaitischen Botschafters in den USA. Nichts an der Geschichte war wahr, aber die USA zogen in einen Krieg, der Tausenden von Menschen das Leben kostete. Und weil die Alliierten uranhaltige Munition verschossen - insgesamt über 300 Tonnen (!) - stiegen die Krebsrate und die Zahl missgebildeter Kinder im Irak und auch bei den Kindern heimgekehrter US-Soldaten kam es zu einer Häufung von Missbildungen. Diejenigen, die sich diese Lüge ausgedacht und verbreitet hatten, wurden niemals zur Verantwortung gezogen - auch nicht, nachdem sie zugegeben hatten, gelogen oder gewusst zu haben, dass die Geschichte, die sie erzählt hatten, eine Lüge war.

1999 erlog sich die Bundesregierung die Zustimmung der deutschen Bevölkerung zu einer Beteiligung der Bundeswehr an den - völkerrechtswidrigen (!) - Einsätzen der Nato im Kosovo. Auch hier wurde von brutalen Morden gesprochen: Rudolf Scharping, der damalige Verteidigungsminister, behauptete, im Kosovo werde mit abgeschnittenen Köpfen Fußball gespielt und getöteten Schwangeren die Föten aus dem Leib geschnitten. Obwohl das nicht der Wahrheit entsprach, schrieb Scharping dies wenig später so in seinem Buch „Wir dürfen nicht wegsehen - Der Kosovo-Krieg und Europa". Was ihn dazu getrieben hat, diese Lügen schwarz auf weiß zu dokumentieren, anstatt sie dem Vergessen anheimzugeben, weiß wohl nur er selbst. Auch das angebliche KZ in Priština - welch perfide Gleichsetzung mit dem Holocaust - von dem immer wieder berichtet wurde, hat es nachweislich nicht gegeben. Den „Trick" mit dem Holocaust hatte sich bereits 1992 abermals eine PR-Agentur ausgedacht, die amerikanische Agentur Ruder Finn. Der verantwortliche PR-Manager James Harff war auch im Nachhinein stolz darauf, damit den allgemeinen Tonfall der weiteren Berichterstattung nachhaltig verschärft zu haben. Wer mehr über die Arbeit von PR-Agenturen vor und während eines Krieges erfahren möchte, sollte unbedingt das ausgezeichnete Buch von Prof. Dr. Jörg Becker und Mira Beham „Operation Balkan - Werbung für Krieg und Tod" lesen. Werbestrategen beeinflussen und lenken unsere Wahrnehmung von Konflikten und Kriegen! Und leider schwenken die Nachrichtenagenturen nur allzu oft darauf ein.

Wenige Jahre später wurde die Weltöffentlichkeit erneut bewusst getäuscht. Alle Beteiligten haben diese Täuschung zugegeben, keiner der Beteiligten wurde zur Verantwortung gezogen, nur einer - der damalige US-Außenminister Colin Powell - hat sich für diese gigantische und bewusste Manipulation der weltöffentlichen Meinung im Nachhinein entschuldigt. Immer wieder - gute Propaganda braucht die ständige Wiederholung - wurde uns erzählt, es gebe Beweise, dass Saddam Hussein biologische und atomare Massenvernichtungswaffen besitze, und es gebe Beweise, dass er sie gegen die USA einsetzen wolle. Außerdem könne man beweisen, dass er mit Al-Qaida in Verbindung stehe. Auch diesmal war klar: Saddam Hussein muss ausgeschaltet werden! Dieser Verbrecher muss gestoppt werden! Nur damit wir uns nicht falsch verstehen: Saddam Hussein war ein brutaler Diktator, der auch vor Giftgasangriffen gegen die eigene Bevölkerung nicht zurückschreckte. Aber hätten die Amerikaner einem Krieg zugestimmt, wenn ihnen gesagt worden wäre: Unsere Geheimdienste haben herausgefunden, dass der Irak keine atomaren und biologischen Massenvernichtungsmittel besitzt und den Terroristen der Al-Qaida jegliche Unterstützung verweigert? Nur durch Lügen erhielt die Regierung die gewünschte Unterstützung für den Einsatz. Und so zogen die USA erneut in einen Krieg; diesmal allerdings in einen völkerrechtswidrigen. Denn für diesen Präventivkrieg - man wollte ja einem möglichen Angriff des Iraks auf die USA zuvorkommen - gab es kein Mandat der Vereinten Nationen. Die US-amerikanische Regierung scheint sich darum nicht geschert zu haben und brach mit dem Angriff auf den Irak das Völkerrecht. Und im Nachhinein? Die Verbindung des Irak mit der Al-Qaida wurde durch den Bericht der National Commission on Terrorist Attacks Upon the United States aus dem Jahr 2004 widerlegt. Massenvernichtungswaffen wurden im Irak - trotz intensiver Suche - nicht gefunden. Niemand wurde für diese bewusste Täuschung der Weltöffentlichkeit zur Führung eines Präventivkrieges zur Rechenschaft gezogen.

Bei all diesen Lügen im Vorfeld von Kriegen - wer wollte im Moment darüber entscheiden, was wahr und was gelogen ist? Und wie können wir Soldatinnen und Soldaten in einen Krieg ziehen lassen, wenn wir diese Frage nicht beantworten können? Wissen wir wirklich alle Details genau? Sind wir über alles informiert? Oder hat uns wieder jemand getäuscht, um uns Entscheidungen treffen zu lassen, die wir unter anderen Umständen eigentlich nicht treffen würden?

Heuchelei

Wir sind Heuchler! Immer wieder höre ich in den Medien den Begriff „Terrororganisation IS" - und keine Frage: der IS überzieht zahlreiche Gebiete innerhalb und außerhalb seines Einflussbereiches mit Terror. Die erschreckendsten Beispiele dafür liefern uns die Bilder von knienden Menschen kurz vor ihrer Hinrichtung, bei der ihnen der Kopf abgetrennt werden soll. Diese Bilder entsetzen uns, sie ekeln uns an und erschrecken uns wegen der unvorstellbaren Grausamkeit der Tat bis ins Mark. Die Bilder von der Enthauptung des Journalisten James Foley veranlassten Barack Obama schließlich dazu, Stellungen des IS zu bombardieren.

Doch der IS ist nicht allein. Saudi-Arabien scheint in dieser Hinsicht in einem Wettstreit mit dem IS zu stehen. Die Zahl der öffentlichen Hinrichtungen in Saudi-Arabien hat in den letzten Jahren stetig zugenommen: in diesem Jahr sind bereits über 100 Menschen in Saudi-Arabien hingerichtet worden. Und die übliche Hinrichtungsmethode in Saudi-Arabien ist - die öffentliche Enthauptung. Aber wir sprechen nicht von der „Terrororganisation Saudi-Arabien". Im Gegenteil: Wir führen gute Beziehungen mit Saudi-Arabien - George W. Bush, der ehemalige

Präsident der USA war sogar händchenhaltend mit dem damaligen saudischen König Abdullah zu sehen.

Was stimmt denn hier nicht? Gibt es guten und bösen Terror? Wir können doch nicht das eine Mal entsetzt aufschreien und im anderen Fall derart barbarische Akte als Kolateralschäden einer ansonsten guten Beziehung abtun. Das Auswärtige Amt erklärt auf seiner Internetseite: „Die bilateralen Beziehungen zwischen Deutschland und Saudi-Arabien sind traditionell eng und im Allgemeinen spannungsfrei." Wie können Beziehungen mit solch einem Land „spannungsfrei" sein? Und immer wieder reisen hochrangige Vertreter der Regierung nach Saudi-Arabien, um die guten Beziehungen zu pflegen und Handelsgeschäfte vorzubereiten. Denn dank seiner hohen Öleinnahmen sei Saudi-Arabien „in der Lage, deutsche Produkte und Dienstleistungen in nennenswertem Umfang einzuführen", so das Auswärtige Amt.

Gleiche Dinge unterschiedlich zu beurteilen ist heuchlerisch. Und wenn wir sie gleich beurteilen wollten, gäbe es nur zwei Lösungen: Wenn der IS dank hoher Öleinnahmen in der Lage ist, „deutsche Produkte und Dienstleistungen in nennenswertem Umfang einzuführen", erklären wir die Beziehungen für „spannungsfrei" und führen Geschäfte miteinander. Niemand kann das ernsthaft anstreben. Oder wir verwenden gegenüber Saudi-Arabien die gleichen Begriffe wie gegenüber dem IS. Wir könnten dann wohl nicht mehr behaupten, dass die Beziehungen

„spannungsfrei" seien, und der Handel mit Saudi-Arabien käme mit Sicherheit zum Erliegen, sodass wir uns nach anderen Bezugsquellen für unsere Energiezufuhr umsehen müssten. Möglicherweise wäre das ja ein Ansporn, um die Abhängigkeit von Erdöl zu verringern und die Potentiale erneuerbarer Energien auszubauen. Die Sicherheit billiger Erdölimporte - wie lange die noch sicher sind, kann allerdings zurzeit niemand genau voraussagen - würden wir vermutlich verlieren, aber wir bräuchten endlich nicht mehr zu heucheln!

Fernsehen

Bevor wir gestartet sind, haben wir beschlossen während unserer Reise auf einen Fernseher zu verzichten. Wir hatten die Befürchtung, dass wir mit dem Fernseher schlechte Gewohnheiten von zuhause mit auf die Reise nehmen. Und so haben wir es oft genug erlebt: um 20 Uhr leeren sich die Plätze und die Wohnwagen und Wohnmobile erhalten eine blassblaue Illumination. Das Leben auf den Campingplätzen wird bestimmt von Tagesschau und Spielfilm! Statt zusammenzusitzen, sich zu unterhalten und ein Glas Rotwein oder Bier zusammen zu trinken: gähnende Leere! Grauenhaft!

Nun hat unser Verzicht natürlich überhaupt nichts geändert. Während die übrigen Gäste einsam in ihren Wohnmobilen saßen, saßen wir einsam davor. Aber wir hatten uns unabhängig gemacht: unabhängig von einer fremdbestimmten Zeitstruktur des Tages - noch nie ist mir so bewusst geworden, wie manipulativ das ist: ein großer Teil der Bevölkerung sitzt brav um 20 Uhr vor dem Fernseher. Man stelle sich vor, dies würde über ein Gesetz angeordnet werden: ein Aufschrei ginge (hoffentlich) durch die Bevölkerung! Aber freiwillig - wie frei ist der Wille hier eigentlich? - ist das möglich. Es ist wie mit der Datensammelwut des

Staates: gegen Gesetze, die den Behörden das Ausspähen und Sammeln von Daten ermöglichten, protestieren wir, doch freiwillig geben wir die gefragten Daten über Facebook, Google und ähnliche Dienste gern Preis. Es ist eine verrückte Welt, in der uns Zugeständnisse über die Suggestion von Freiwilligkeit abgerungen werden können - und unabhängig von vorgefertigtem Wissen. Wir haben festgestellt, dass Fernsehen zwar durchaus das Nach-denken befördert, nicht aber das Selbst-denken. Fernsehen setzt uns etwas vor - und wir setzen uns damit auseinander. Auch oft genug kritisch, aber eben mit dem, was uns vorgesetzt wird. Es ist ein wenig wie in den römischen Comitien: in diesen konnte das Volk zwar verhandeln, diskutieren und abstimmen, aber eben immer nur darüber, was die Magistrate den Comitien vorlegten. Und wir können ja überlegen, für wie demokratisch wir solche Gepflogenheiten halten.

Doch wenn wir anfangen selbst zu denken, kommen uns die Nachrichten irgendwie hohl vor. So ging es uns, nachdem wir zuhause das erste Mal wieder den Fernseher eingeschaltet hatten. Hohle und austauschbare Phrasen statt substantielle Neuigkeiten. Besonders interessant war, dass darüber, worüber wir selbstdachten, nie in Fernsehformaten berichtet wurde.

Wenn Kriege immer mit einer Lüge beginnen, wie lautet die Lüge am Anfang des Syrienkrieges?

Weshalb recherchiert und verbreitet niemand diese Lüge?

Weshalb stimmt der Satz „Wer einmal lügt, dem glaubt

man nicht" nur im familiären Umfeld, nicht aber in der Politik?

Weshalb machen wir uns nichts daraus?

Wie würden wir antworten, wenn uns erzählt würde: „Wir benötigen für das Funktionieren unserer Wirtschaft Ressourcen, die wir nicht haben. Die liegen in den Ländern des Nahen Ostens. Also lasst uns losgehen und diese Länder besetzen und uns die Ressourcen holen."

Weshalb reagieren wir anders, wenn uns erzählt wird, wir müssten diese Länder von einem brutalen Diktator (Gaddafi, Hussein, Assad oder Moctezuma) befreien, der die eigene Bevölkerung ermordet?

Weshalb lassen wir uns diese Umdeutung von Intentionen immer wieder einreden?

Liebe Leute, ich habe so viele Fragen, aber keine wird durch das Fernsehen beantwortet. Im Gegenteil, wir werden davon abgehalten Fragen zu stellen. Wir werden eingelullt von seichten oder harten Filmen, von Werbung, von (Schein-)Dokumentationen, die uns suggerieren, wir könnten die Welt verstehen.

Bei uns bleibt der Fernseher auch nach der Rückkehr meistens aus - wir sind da nicht ganz konsequent, aber wir wollen ja auch nicht zu Dogmatikern werden. Wer wirklich verstehen möchte, was ich meine, sollte einen Selbstversuch machen und drei Monate auf den Fernseher - und natürlich auf ähnlich Formate im Internet - verzichten. Vielleicht werdet ihr euch nach dieser Zeit die gleichen Fragen stellen wie wir.

Europa am Ende

Was ist Europa? Der französische Journalist und Philosoph Bernard-Henry Lévy hat diese Frage beantwortet und dabei die Formulierung verwendet, Europa sei „kein Ort, sondern eine Idee". Darüber lohnt es sich nachzudenken. Europa ist kein Ort, sondern eine Idee.

Man mag sich über den ersten Teil seiner Antwort wundern. „Natürlich ist Europa ein Ort", werden einige entgegnen, also muss man überlegen, was Lévy damit gemeint haben könnte. Meine Antwort darauf ist während der Reise entstanden: Wir werden - so hoffen wir jedenfalls - am Ende unserer Europa-Tour den südlichsten, westlichsten und nördlichsten Punkt des europäischen Festlands gesehen haben. An zweien dieser Punkte haben wir bereits Station gemacht: Punta di Tarifa im Süden Spaniens, an der Straße von Gibraltar, dort, wo das Mittelmeer in den Atlantischen Ozean übergeht, und Cabo da Roca, der Punkt, an dem man die gesamte gewaltige Kontinentalplatte im Rücken und den schier endlos erscheinenden Ozean vor sich hat. Doch am Ende wird uns der östlichste Punkt fehlen! Fehlen müssen, denn einen geografisch eindeutigen östlichsten Punkt gibt es nicht. Europa ist eben nur der westliche Zipfel der eurasischen

Kontinentalplatte. Zwar wird in der Regel der Ural als Grenze zwischen Europa und Asien angegeben, doch das ist mehr oder weniger Konvention. Ich denke, dass Lévy dies mit seiner Formulierung ausdrücken wollte. Europa ist kein Kontinent mit genau abgegrenzten Konturen.

Vielleicht könnte man es auch politisch verstehen. Im politischen Sinn ist Europa ein Zusammenschluss von Staaten, dem aber nicht alle Länder auf dem geografischen Gebiet „Europa" angehören. Und mit der Türkei gibt es einen Beitrittskandidaten, der mit dem größten Teil seiner Landmasse deutlich aus Europa herauswächst. Und es wäre die Zugehörigkeit Russlands zu klären, das zwar einen großen Teil des geografischen Raums „Europa" einnimmt, dennoch aber kein Teil der Europäischen Union ist und im Falle seiner Mitgliedschaft so etwas wäre wie Österreich im Falle einer Großdeutschen Lösung während der Nationalstaatsfrage 1848. Ein Teil gehört dazu, ein anderer nicht. Könnte ein Land diesen Spagat aushalten, gleichzeitig Teil und Nicht-Teil einer Gemeinschaft zu sein? Und könnte eine Gemeinschaft dies aushalten? Doch wenn Russland kein Teil Europas sein soll, was ist das dann für ein Gebilde, dem ein großer Teil seines geografischen Raumes fehlt? Weder geografisch noch politisch ist Europa ein klar definierter Ort. So könnte man Lévy möglicherweise verstehen. Doch Lévy bleibt nicht dabei stehen, zu definieren was Europa nicht ist, er gibt eine positive Antwort, was Europa denn stattdessen sein könnte.

Europa ist kein Ort, sondern eine Idee. Ein faszinierender Gedanke, denn er löst das Dilemma einer unzureichenden geografischen Konsistenz: Ideen sind immateriell und existieren losgelöst von Räumen. Zu Europa gehörten dann diejenigen Staaten, die die europäische Idee vertreten, ungeachtet der Tatsache, ob sie geografisch zum europäischen Kontinent zählten. Doch der Gedanke hat seine Tücken. Wenn Europa eine Idee ist, dann müsste dies den Bewohnern, den Europäern, doch bewusst sein, dann müsste es doch - so verstehe ich Lévys Gedanken - eine gemeinsame Idee sein, die die verschiedenen Nationen eint und aneinanderbindet. Doch ich befürchte, dass verschiedene Nationen unterschiedliche Antworten darauf geben, dass man diese Frage in Frankreich anders beantworten würde als in Ungarn oder Polen, und dort wieder anders als in Lettland oder Norwegen. Was ist die eine Idee, die all diesen Nationen gemeinsam ist und ihnen eine europäische Identität verleiht?

Europa ist die Wiege der Demokratie! Das ist unsere Mission, diese Idee tragen wir in die Welt! Griechenland als Teil Europas ist die Wiege der Demokratie und von dort aus hat sich diese Idee über Europa und über den größten Teil der Welt verbreitet. Allerdings: Demokratie - die Herrschaft des Volkes - gab es schon weit vor der griechischen Antike, in den Zeiten, in denen die Menschen als Jäger und Sammler die Welt bevölkerten. Aber lassen wir diesen Gedanken einmal beiseite. Was war das für eine Volksherrschaft im antiken Griechenland? Hier herrschte doch nicht „das Volk", es sei denn, man akzeptierte, dass mit „Volk" nur ein exklusiver Teil einer Gesellschaft gemeint ist. Ein großer Teil des „Volkes" war von politischer Partizipation ausgeschlossen. Es waren kriegsfähige Männer, die die Geschicke der Stadt Athen lenkten, und dabei ihre Partner im Attischen Seebund unterdrückten. Es war eine Gesellschaft, die auf den Leistungen derjenigen beruhte, die keinen Anteil an der Demokratie hatten, den Sklaven, denn die attische Demokratie hielt Sklaven, damit wehrfähige Männer frei von Arbeit waren und an der Volksversammlung teilnehmen konnten. Die männlichen Vollbürger - ein ausgesprochen merkwürdiger Begriff, der nahelegt, dass es auch Halb- oder Viertelbürger gegeben habe - machten etwa 20 bis 25 Prozent der Bevölkerung aus. Beschlüsse konnten aber bereits von ungefähr 6000 Vollbürgern getroffen werden, das machte so etwa 5 Prozent der Bevölkerung aus. Diese Demokratie, die wir für die weithin leuchtende Fackel halten, war im wörtlichen Sinne eigentlich eine Oligarchie - eine Herrschaft von Wenigen! Wenn man sich das klarmacht, lohnt es sich darüber nachzudenken, mit welchen Konnotationen heute von Oligarchie oder von Oligarchen gesprochen wird und welcher Unterschied hierbei zu Konnotaten des Begriffs „attische Demokratie" deutlich wird.

Unsere Vorstellung von „attischer Demokratie" ist ein Mythos, der simplifiziert, um identitätsstiftend wirksam sein zu können. Doch wenn man den Mythos dekonstruiert und einen Blick hinter seine schöne Fassade wirft, bleibt wenig davon übrig, was der Mythos legitimieren soll. Stattdessen spiegelt sich darin die Herrschaft einer kleinen Elite, in deren Inneren zwar so etwas wie Gleichberechtigung besteht, die aber auf der Ausbeutung von an der Herrschaft unbeteiligten Gruppen basiert, und man mag sich fragen, ob der Mythos nicht de facto diese Art der Herrschaft legitimiert.

Gut: also nicht die Demokratie. Neue Idee: Europa ist der Hort der Freiheit! Spätestens mit der Französischen Revolution ist dieser Gedanke ausgehend von Europa in die Welt getragen worden. Und natürlich denken wir bei diesem Begriff an unsere Grundrechte wie „Meinungsfreiheit", „Religionsfreiheit" oder „Reisefreiheit".

Natürlich darf jeder bei uns seine eigene Meinung vertreten, doch meist handelt es sich dabei um Meinungen, die von außen über Medien vorgebildet werden - darum sollte man den Fernseher auch besser ausschalten - und nicht wirklich um eigene Meinungen. Unsere Meinung über den 11. September 2001 - wer weiß, dass drei und nicht nur zwei Türme eingestürzt sind und dass BBC die Meldung vom Einsturz des dritten Turmes meldete, bevor dieser eingestürzt war? -, über die Erdölkrise 1973 - wer hat die Krise schon einmal mit der Aufgabe des Goldstandards des US-Dollars 1971 und dem daraufhin einsetzenden Verfall der Währung in Verbindung gebracht, der deswegen gestoppt wurde, weil mit dem einsetzenden Anstieg des Ölpreises durch die künstliche Verknappung des Öls auch die Nachfrage nach Dollars und so auch der Wert der Währung wieder stieg - oder über die Nato - wer hat schon einmal davon gehört, dass es parlamentarisch nicht kontrollierte Armeen in den Staaten Europas gibt, die unter dem Deckmantel linksextremistischer Gruppierungen Terroranschläge gegen die eigene Bevölkerung durchgeführt haben, um damit ihr Vorgehen gegen diese linksextremistischen Gruppierungen legitimieren zu können - haben wir doch nicht aus uns selbst, sondern durch ständig in den Medien wiederholte, gleichlautende Informationen. Medien machen unsere Meinung!

Natürlich darf niemand wegen seiner Religion benachteiligt werden, doch trotzdem sind die verschiedenen möglichen Schulabschlüsse (Hauptschulabschluss, Mittlere Reife, Abitur) nicht gleichmäßig über die verschiedenen in Deutschland zu findenden Religionen verteilt. Doch das kann eigentlich nicht sein: muslimische Schüler müssten durchschnittlich genauso erfolgreich die Schullaufbahn abschließen wie christliche, es sei denn, man unterstellte ihnen eine entsprechende genetische Disposition, so etwas wie ein Dummheits-Gen, das die Verteilung auf die Schulabschlüsse erklärte. Diese Unterstellung wäre allerdings hochgradig rassistisch.

Natürlich darf jeder reisen, wohin er möchte. Doch nicht jeder kann reisen, wohin er möchte. Er kann es nicht, weil ihm das Geld dazu fehlt, das notwendig ist, um eine Reise zu finanzieren. Also hängt die Reisefreiheit an den finanziellen Möglichkeiten der Reisenden und ist daher ein Privileg besserverdienender Schichten der Bevölkerung. Man muss einfach deutlich zwischen „prinzipiell" und „de facto" unterscheiden. Prinzipiell gibt es eine Reisefreiheit für jeden, de facto existiert sie nicht.

All diese „Freiheiten" legitimieren vor allem eine Freiheit: die Freiheit zur ungehinderten Akkumulation von Kapital. Und die Logik ist folgende: Wenn ich diese vielen unterschiedlichen Freiheiten genieße und nicht begrenzt wissen möchte, dann muss ich akzeptieren, dass auch diese eine nicht begrenzt werden darf. Und niemand wagt sich daran heran. Zwar akzeptieren wir, dass wir Lohnuntergrenzen festlegen müssen, weigern uns aber zu akzeptieren, dass man auch über Lohnobergrenzen sprechen muss. Tatsächlich wird diese Diskussion sofort im Keim erstickt - auch von denjenigen, die gar nicht betroffen sind. Man darf offenbar darüber nicht nachdenken, da dies ein Eingriff in die Freiheitsrechte wäre, in die Freiheitsrechte der Geldbesitzer! Wir erregen uns zwar darüber, dass Menschen Geld in einer Menge verdienen oder besitzen, die sie niemals werden ausgeben können, aber gesetzlich beschränken wollen wir dies nicht, weil wir damit deren Freiheit beschnitten. Mir scheint, man hat uns Freiheiten geschenkt, die wir - natürlich - nicht verlieren wollen, und uns dabei eine Freiheit untergeschoben und mit den anderen verknüpft. Nun sind diese Freiheiten derart eng miteinander verwoben, dass wir glauben, beim Fall einer müssten alle fallen. Und so akzeptieren und verteidigen wir auch die Freiheit der unbegrenzten Geldanhäufung.

Nun also eine letzte Idee: In Europa hat sich der Gedanke der Toleranz entwickelt; hier darf jeder, wie Friedrich der Große in einer Randnotiz zur Toleranz konfessioneller Schulen in Preußen schrieb, nach seiner Façon selig werden. Entstanden ist der Toleranzgedanke aus der praktischen Notwendigkeit heraus, ein friedliches Miteinander unterschiedlicher Konfessionen ermöglichen zu wollen. Mit dem Zeitalter der Aufklärung wird die Idee der Toleranz verallgemeinert als Duldung unterschiedlicher Überzeugungen verstanden. Toleranz meint die Duldung anderer als der eigenen Überzeugung, setzt damit also notwendigerweise eine feste, eigene Überzeugung voraus. Und hier gerät der Gedanke, Europa sei eine Idee und kein Ort, ins Schlingern, wenn die Idee als „Toleranz" verstanden werden soll. Bereits 1965 hat Herbert Marcuse in seinem Essay „Repressive Toleranz" darauf hingewiesen, dass das Ziel der Toleranz nur „Wahrheit" sein könne, denn wenn Toleranz nicht aus „Wahrheit" erwachse, diene sie „den Interessen der Unterdrückung".

Eben diese Wahrheit, die nach Marcuse eine objektive und keine subjektive ist, fehlt uns; sie könnte die Idee Europas sein. Und diese Idee, diese Wahrheit, entsteht nur im Diskurs einer von Zwängen befreiten Gesellschaft. Sie ist daher notwendigerweise utopisch. Doch wenn sie einmal gefunden ist, bedingt sie notwendig Intoleranz gegenüber allen rückschrittlichen Bewegungen. Noch aber sind wir weit entfernt von einer solchen utopischen Gesellschaft, und so taugt auch der Begriff der „Toleranz" nicht als eine Europa ausmachende Idee.

Mir scheint, wir haben diese Idee Europas verloren, möglicherweise nie besessen, und machen uns nicht auf den Weg, sie zu finden. Das, was wir im Moment in Europa sehen - die Abschottung nach außen, wie sie sich beispielsweise in den bis zu sechs Meter hohen Zäunen um die spanische Exklave Melilla in Nordafrika manifestiert - kann doch nicht die Idee Europas sein! Diese Idee ist zynisch, denn unser Wohlstand basiert auf der Einfuhr billiger Energie, die wir gern ins Land lassen, und aus der Ausfuhr von Waren, die wir gern aus dem Land hinauslassen. Hier sind unsere Grenzen offen. Wir wollen eine perfekte Membran, die Rohstoffe und Produkte durchlässt, Menschen aber abhält, Menschen, auf deren Armut unser Wohlstand beruht. Und jetzt weigern viele sich, die Konsequenzen zu tragen.

Kurt Biedenkopf, ehemaliger sächsischer Ministerpräsident, hält die Hilfe für die zahlreichen Flüchtlinge für die zentrale Aufgabe Europas, deren Bewältigung der Welt große Bewunderung abringen werde, an der Europa jedoch auch scheitern könne. Er verknüpft dabei die Bewältigung dieser Aufgabe mit der Existenzberechtigung Europas. Und vielleicht lässt sich hierin die Idee finden, die Europa ausmacht und eint: das gemeinsame Bewältigen einer unermesslich großen, unlösbar scheinenden Aufgabe.

Doch im Moment sieht es eher nicht danach aus, dass Europa in dieser Frage zu einem gemeinsamen Vorgehen findet.

Es wäre schön, wenn Europa eine Idee sein könnte, doch zurzeit scheint es eher ein Ort zu sein. Wir sollten dafür sorgen, dass es eine Entwicklung von Europa als Ort zu Europa als Idee geben wird. Dafür müssen wir uns auf den Weg machen und Europa neu erfinden. Wenn wir das nicht können oder wollen, könnte eintreten, was Kurt Biedenkopf zu Bedenken gibt: Europa habe 500 Jahre die Welt regiert und dabei, wie alle Hochkulturen, eine fantastische Entwicklung vollzogen. Doch alle Hochkulturen seien auch wieder abgestürzt.

Wenn Europa diese gemeinsame, alle es tragende Nationen einende Idee nicht findet, dann ist Europa wirklich am Ende.

Globalisierung

„Globalisierung" lautet das Schlagwort, um Dinge zu tun, die nach geltendem Recht verboten sind. Damit lässt sich die Rechtsordnung straffrei außer Kraft setzen - einfach genial!

Gedacht habe ich das im Zusammenhang mit der Berichterstattung über Annegret Raunigk, die mit 64 Jahren noch einmal Mutter von Vierlingen geworden ist. Das deutsche Embryonenschutzgesetz ist im internationalen Vergleich eines der strengsten: während es die Samenspende unter bestimmten Bedingungen erlaubt, verbietet es die Eizellspende. Und da Annegret Raunigk für eine Schwangerschaft beides benötigte, ließ sie die künstliche Befruchtung, wie bereits bei ihrer letzten Schwangerschaft zehn Jahre zuvor, im Ausland vornehmen. Man könnte auch sagen, sie setzte im eigenen Interesse deutsches Recht für einen Moment außer Kraft, um sich nach diesem Rechtsbruch straffrei wieder unter den Schutz des deutschen Rechts zu begeben.

Das Ehepaar Axel und Jürgen Haase wünschte sich Kinder. Nachdem die gewünschte Adoption nicht zustande gekommen war, suchten sie nach einer Leihmutter - für das erste Kind in Indien und für die später geborenen Zwillinge in den USA. In Deutschland ist Leihmutterschaft gesetzlich verboten. Auf seiner Internetseite schreibt das Auswärtige Amt dazu: „Wer erwägt, in Indien ein Kind durch eine Leihmutter austragen zu lassen, sollte folgende Hinweise beachten: Leihmutterschaft ist in Deutschland verboten. Ein von einer verheirateten indischen Leihmutter geborenes biologisches Kind eines deutschen Staatsangehörigen hat keinen Anspruch auf einen deutschen Reisepass." Trotz dieser Warnung hat das Ehepaar diesen Weg gewählt und damit aus privatem Interesse das deutsche Embryonenschutzgesetz eigennützig außer Kraft gesetzt.

Gleiches tun deutsche Firmen, die, um das deutsche Mindestlohngesetz zu umgehen, im Ausland produzieren, um ihre Gewinnspanne zu maximieren. Ich würde vorschlagen, in solchen Fällen von Wirtschaftsflüchtigen zu sprechen, damit deutlich wird, dass Wirtschaftsflucht keine Einbahnstraße darstellt, auf der wirtschaftlich Notleidende in wirtschaftlich starke Länder ziehen, um von deren Sozialgesetzgebung zu profitieren, sondern dass Wirtschaftsflucht in Wirklichkeit eine Autobahn ist, auf deren Gegenseite Firmen aus wirtschaftlich starken Ländern in wirtschaftlich schwache Länder ziehen, um dort von den niedrigen Lohnverhältnissen zu profitieren. Auch hier wird ungestraft deutsches Recht für Partikularinteressen außer Kraft gesetzt. Völlig straffrei. Man könnte fast meinen: völlig legal. Wie soll Recht funktionieren, wenn Einzelne es zu ihren Gunsten außer Kraft setzen können? Wenn das möglich ist, möchte ich bitte meine Einkommensteuererklärung während meines Urlaubs auf den Bahamas, den Bermudas oder den Kaiman Inseln abgeben - dort beträgt der Spitzensteuersatz gerade einmal 0%, oder, falls es bei Europa bleiben sollte, während eines Kurzaufenthaltes in Bulgarien, wo der Spitzensteuersatz nur 10% beträgt. (Ob die Zahlen heute noch stimmen, weiß ich nicht. Gefunden habe ich sie in einer Antwort der Bundesregierung vom 20. Februar 2009, die als Drucksache 16/12028 veröffentlicht worden ist.) Nach Abgabe meiner Steuererklärung im Ausland komme ich selbstverständlich gerne nach Deutschland zurück. Ach! Globalisierung könnte so schön sein, wenn sie doch nur für alle gleichermaßen gälte.

Wir müssen uns endlich entscheiden, was wir wollen! Globalisierung? Okay! Dann allerdings müssen wir konsequenterweise auch alle nationalstaatlichen Regelungen aufheben und ein für die gesamte Welt verbindliches Regelwerk aufstellen. Wir sind weit davon entfernt - und ob das wirklich wünschenswert ist, vermag ich nicht zu beurteilen. Die Vorstellung einer für demnächst 8 Milliarden Menschen gültigen einheitlichen Gesetzgebung ist mir einfach zu groß. Lasst uns also bitte diese blöde Nationalstaatsidee zu Grabe tragen! War ohnehin nur so eine verrückte Idee aus dem 18. Jahrhundert! Der kürzlich verstorbene amerikanische Politikwissenschaftler Benedict Anderson spricht in seinem Buch „Die Erfindung der Nation" von Nationen als „kümmerlichen Einbildungen der jüngeren Geschichte". Er hält sie für „imagined communities".

Ich glaube, wir sollten eher Gemeinschaften stärken, die nicht konstruiert und vorgestellt sind - damit sind nicht etwa vermeintlich ethnisch einheitliche regionale Verbände wie das Baskenland oder das Kurdengebiet gemeint. Nicht konstruiert und vorgestellt sind Gemeinschaften im Sinne Andersons nur dann, wenn die Träger der Gemeinschaft einander persönlich bekannt sind. Und dies geht wohl kaum über Familien- oder Dorfgröße hinaus.

Doch wenn wir diese Ebene stärken wollen, dann sollten wir endlich diesen Globalisierungsquatsch beenden, der doch immer nur dazu dient, mehr Kapital in den Händen Weniger ansammeln zu können. Dann müssen Regelungen, die eine Gemeinschaft trifft, für alle gelten, immer und zu jeder Zeit. Dann müssen wir Ausnahmeregelungen für einzelne Mitglieder oder einzelne Gruppen beenden. Es kann nicht sein, dass Einzelne beschließen können, Regeln umgehen zu dürfen, nur, weil diese gerade ihren Interessen entgegenstehen. Wir können dafür eintreten, dass unsinnige oder unsinnig gewordene Regelungen neu gefasst werden. Dann aber müssen sie wiederum für alle gelten.

Und falls es nicht deutlich geworden sein sollte: das Alter der Frau und die sexuelle Orientierung des Ehepaares spielen für mich keine Rolle. Es geht mir lediglich darum, deutlich zu machen, dass Recht nicht für Partikularinteressen außer Kraft gesetzt werden darf.

Heureka

„Ich sitze und gucke in die Gegend. Dafür leben wir, dass wir so dasitzen und in die Gegend gucken, das ist der erstrebenswerteste Lebenszustand." (Walter Kempowski, Sirius. Eine Art Tagebuch)

Von Kempowski hatte ich vorher eigentlich nur „Tadellöser & Wolff" gelesen - weil mich der Fernsehfilm so fasziniert hatte, habe ich damals die Bücherei gestürmt und das Buch geliehen, bevor es jemand anderes tun konnte. Ob es überhaupt jemand leihen wollte, habe ich allerdings nie überprüft. Aber das Buch habe ich verschlungen. Doch dann ist mir Kempowski aus den Augen geraten. Und nun dieses Zitat aus „Sirius", das mich mitten ins Mark trifft. Ja! Ja! Ja! Das ist es! Das ist der erstrebenswerte Zustand! Sitzen und gucken. Das ist der Grund, weshalb wir uns so gern auf dem Kohlmarkt aufhalten: Sitzen und gucken. Weiter nichts. Einfach nur sitzen und gucken.

Und mir kommt Loriot in den Sinn:

Herrmann ...

   Ja ...

Was machst du da?

   Nichts ...

Nichts? Wieso nichts?
 Ich mache nichts ...
Gar nichts?
 Nein ...
Überhaupt nichts?
 Nein ... ich sitze hier ...
Du sitzt da?
 Ja ...
Aber irgendwas machst du doch?
 Nein ...
Denkst du irgendwas?
 Nichts Besonderes ...

Und etwas später der wohl berühmteste und doch in der Regel falsch zitierte Satz des Sketches:
 Ich möchte hier sitzen ...
(Die hier meist eingefügten Worte „einfach nur" fehlen bei Loriot.)

Ich frage mich, ob Kempowski bei seinem Satz wohl an Loriot gedacht hat? Gekannt haben muss er die Szene, die seit ihrer Erstausstrahlung 1977 fester Teil des kollektiven Gedächtnisses der Deutschen ist.

Wie dem auch sei, mir wird klar, dass dies die wertvollsten Momente unserer Reise waren, nicht die, in denen wir vieles gesehen haben, nicht die an sehenswerten Stätten und Orten. Nein: morgens bei Sonnenaufgang am Strand bei Tarifa direkt am Meer sitzen und dem Wellenrauschen zuhören - das war einer dieser großartigen Momente, oder der Nachmittag mit Blick auf Skye, der

Abend in Bala in Wales, als die Sonne allmählich unterging, oder das Liegen im Sand am Strand von Valras-Plages oder am Abend zuhause auf der Terrasse. Momente, die sich nicht planen, nicht herbeiführen lassen, sondern die plötzlich da sind und die man ergreifen, genießen muss, denn sonst sind sie weg, unwiederbringlich verloren.

Der griechische Gott Kairos hatte Flügel an den Füßen und war deshalb sehr schnell unterwegs. In seiner Stirn hing eine Locke, an der konnte man ihn packen und festhalten. Aber man musste schnell zugreifen, denn war er erst einmal vorbei, bot sich einem nur die Glatze seines Hinterkopfes und man bekam ihn nicht mehr zu fassen. Kairos war der Gott der Zeit, genauer gesagt: des richtigen Zeitpunkts, der günstigen Gelegenheit. Die Redewendung „die Gelegenheit beim Schopfe packen" ist auf ihn zurückzuführen.

Und für solche Momente des Sitzens und Guckens muss man Kairos an seiner Stirnlocke ergreifen. Lasst euch nicht einreden, der erstrebenswerte Lebenszustand sei die Arbeit! Ich weiß: wenn einfache Sätze oft genug wiederholt werden, glaubt man, dass sie zutreffen. Aber das stimmt nicht. Arbeit ist gut und sinnvoll, aber erstrebenswert ist dieser besondere Schwebezustand des Sitzens und Guckens. Es gibt einen Begriff dafür: Muße. Doch diese ist uns leider vielfach verloren gegangen. Wer erlebt schon noch Augenblicke der Muße in seiner Schulzeit? Wer hat sie in seiner Studienzeit erlebt? Wer erlebt Mußestunden während der Arbeit? Aber Erkenntnis braucht Muße -

Momente des Sitzens und Guckens. Ohne zielgerichtetes Denken. Oft kommt die Erkenntnis genau dann. Nicht wenn wir eifrig suchen, sondern wenn wir offen sind.

Doch was tun wir? Wir verkürzen die Schulzeit ohne das Curriculum zu entschlacken, wir lassen die Schüler in kürzerer Zeit das lernen, wofür früher schon die Zeit kaum gereicht hat und nehmen den Schülerinnen und Schülern damit die Zeit zur Muße, die Zeit zum Denken. Mag sein: die nennen das meistens „Abhängen". Das klingt dann so negativ! Abhängen! Wie der Schinken an der Decke. Aber Abhängen ist gut!

Archimedes lief nackt und „Heureka!" rufend durch die Stadt Syrakus. Er hatte gerade das Archimedische Prinzip entdeckt. Nicht nach eifrigen Studien, sondern während eines Bades in der Badewanne.

Mehr Muße!

Heureka!